「人口減少社会」とは何か

人口問題を考える12章

友寄 英隆 著

学習の友社

はじめに

　国立社会保障・人口問題研究所が2017年4月に公表した「将来推計人口」では、50年後の2065年の日本の総人口は8,808万人になると推計しています。さらに、100年後までの長期参考推計では、2115年には、最も厳しい仮定をすると3,787万人にまで減少すると推計しています。

　遠い先の話ではありません。すでに、5年おきにおこなわれる最新の国勢調査（2015年）では、初めて日本の総人口が減少しました。国勢調査の「総人口」とは、日本在住の外国籍の人も含めて、調査時点（2015年10月1日）に日本領内に住んでいたすべての人のことを指しています。(注)

　前回の国勢調査（2010年）から今回まで5年間の人口減少数は、96万2,607人です。総人口からみると、0.8％の減少なので、まだそんなに大幅に人口減少が進んでいるわけではありません。しかし、5年ごとの国勢調査でなく、各年ごとの人口動態をみると、総人口のピークは2008年だったので、すでに2009年から人口減少時代がはじまっていたことになります。

　生まれてくる赤ちゃんの数が年々減っている問題、いわゆる「少子化」問題は、日本では40年も以前の1980年ごろから、いろいろと議論はされてきました。2015年国勢調査の結果は、日本の人口減少が、いよいよ避けて通れない現実的な問題となりつつあることを意味しています。

> (注) 日本に住んでいる外国人の数は175万2,368人なので、総人口（1億2,709万4,745人）の約1.4％です。そのなかには外国の大使・領事・その家族、駐留している軍人・軍属・その家族は含みません。

※　　　　※　　　　※　　　　※

　人口減少の問題は、労働組合運動をはじめ、国民のさまざまな民主的な運動をすすめる場面でも、新しいさまざまな課題をもたらしはじめています。

安倍内閣は、人口減少、とりわけ生産年齢人口（15〜64歳）の減少が進みはじめたもとで、2020年の東京五輪開催を理由にして、外国人労働者の受け入れ拡大の動きを急速にすすめはじめています。日本経団連は、「日本型移民政策」と称して、「とくに労働力不足が予想される分野（製造業、建設業、運輸業、農林水産業、介護等）」を中心に、「2020年代から2030年代の20年間にかけて毎年10万人ずつの外国人材の受入れ・定住を実行」すべしなどと具体的な数字まで示して提言しています。

　日本の外国人労働者問題は、その人権無視、劣悪な労働条件にたいして国際社会から厳しい批判を受けてきました。海外から移住してきた人々が日本で働く条件、住宅や社会保障、家族と暮らす社会的条件、子どもの教育の条件などを十分に整備しないまま、「日本型移民政策」などの名目による安価な労働力対策としての移民のなし崩しの拡大は、産業・企業の現場や地域社会・暮らしの現場で、さまざまな軋轢を生むことが懸念されます。

　こうした労働力不足を背景とした新たな課題に対応するためにも、人口減少問題、より一般的には人口変動の問題についての基礎的な科学的知識が求められています。

　本書は、人口問題の入門書ですが、「人口学」という学問体系の一般的な入門書ではありません。21世紀日本の現実的な問題となってきている「人口減少社会」、「少子化」時代の諸現象を考えるために、国民のひとりとして、少なくともこれだけは知っておきたいと思われる基礎的知識をまとめたものです。

　　　　　　　　※　　　　※　　　　※　　　　※

　人口減少は、現代日本社会の冷厳な客観的事実として、じわりじわりと進み始めています。しかし、そのことの意味については、国民のなかでは、まだまだそれほど深刻にはとらえられていないようです。

　人口減少の問題については、各論的には、さまざまな角度からその影

響や対策などが論じられはじめてはいます。本書では、人口減少の個々の分野への影響や課題に限定せずに、できるだけ「少子化」や人口減少をめぐる問題状況を、現代日本の人口問題として全体的に概観できるようにしました。それには、次の三つの理由があります。

　一つは、各分野ごとに人口減少を考えると、どうしても人口減少の結果や影響についての議論になりがちだからです。人口減少のもたらす影響にどう対処するか、ということは大事な課題です。しかし、それはややもすると人口減少を避けがたい与件としてとらえて、人口減少の結果にたいする対症療法的な対策、当面の課題の検討に終わりがちです。

　二つには、人口減少の全体的なメカニズム、人口現象の特徴をとらえることが、各分野での課題を明らかにするうえでも、必要になっているからです。なぜ人口減少が起こっているのか、その「原因」は何なのか、それはいつまで続くのか、人口減少は避けがたい宿命なのか、などについての基本的な検討が必要になっています。

　三つには、人口減少の各論ではなく、全体としての「人口問題」の角度から総括的に問題を検討するためには、人口変動の現象を理論的に解明することが必要だからです。つまり、「人口学」という独自の科学的なアプローチがどうしても必要になります。

　本書は、いま述べた3つの理由を念頭に置きながら、すでにはじまっている人口減少が日本社会にとって何を意味するのか、それは21世紀日本の政治や経済にとってどのような変化をもたらすのか、国民一人ひとりの暮らしや仕事にとってどのような影響をもたらすのか、などの人口減少にかかわるさまざまな問題について、できるだけ分かりやすく述べるように努めました。

　「人口問題」という理論分野は、革新的な運動に取り組んでいる方々には、まだほとんど知られていません。また、「人口学」の基礎的な知識を革新的な立場からわかりやすく解説した書物もほとんどありません。本書は、人口減少の各分野での影響を前提としつつも、人口減少と

いう諸現象の根底にある「人口問題」という視点から、こうした課題に
応えようとしたものです。

　　　　　※　　　　　※　　　　　※　　　　　※

　本書の構成は、導入部の序章で本書全体で取り組む課題について問題
提起をします。

　そのあとにに続いて、次のような三部構成になっています。

《第Ⅰ部　現代日本の人口減少》

　前半の第1章から第5章までは、現代日本の人口問題の実態編です。
人口減少の様相と将来人口推計の特徴について解明します。

　第1章「人口減少の影響」では、いま日本社会でじわりじわりと広
がりつつある人口減少の現われについて、いくつかの具体的な事例をも
とに概観します。

　第2章「将来推計人口」では、推計通りに本当に日本の人口は減少
していくのか、将来人口の推計はどのような方法でおこなわれるのか、
などについて検討します。

　第3章「日本の人口減少の特徴」では、日本の人口減少のメカニズ
ムについて、とくに「人口減少モメンタム」という概念について説明し
ます。

　第4章「『人口静止』の水準自体が、急速に下がり続けている」では、
「人口減少社会」のもとで、「1億人規模で人口静止状態」にするという
課題について掘り下げて考えてみます。

　第5章「『家族の困難』が「少子化」を促進している」では、「少子化」
の進行と国民の暮らしの貧困の関係、とりわけ「少子化」の背景を「家
族の困難」という視点から考えてみます。

《第Ⅱ部　現代日本の人口政策》

　続いて第6章から第10章までは、現代日本の人口問題の政策編です。
5つの角度から人口政策についての論点をとりあげます。

第6章「日本の『少子化』対策の失敗」では、歴代の自公政権の「少子化」対策がなぜ効果をあげてこなかったのか、その要因を検討します。

　第7章「『人口減少社会』は、AIやIoTで乗り越えられるか」では、「人口減少社会」とICT革命などによる生産性の向上との関係について検討します。

　第8章「『人口減少社会』は、移民の受け入れで乗り越えられるか」では、21世紀の国際人口移動の動向を概観したうえで、日本の外国人労働者問題、移民問題について考えてみます。

　第9章「21世紀の人口政策」では、人口政策の国際的な到達点ともいえるSRHR（リプロダクティブ・ヘルス／ライツ）の内容と意義、その特徴について説明します。

　第10章「日本の『少子化』対策のために」では、国民的な立場に立つとき、年々深刻さを増している「少子化」問題にどのように対応すべきか、21世紀の日本で求められる基本的方向を8つの視点から整理しておきます。

《第Ⅲ部　人口問題の基礎理論》

　最後の二つの章は、人口問題についての理論的な問題をとりあげます。

　第11章「人口変動の基礎知識」では、人口減少の特徴について知るために最小限必要な「人口学のイロハ」、「人口問題の基礎的な用語と理論」について説明します。むしろ、この章を最初に読んでから、第1章に戻っていただいても良いと思います。あるいはまた、第Ⅰ部と第Ⅱ部を読みながら、必要に応じて第11章の基礎知識を参照していただいてもよいかもしれません。いずれにせよこの第11章は、人口問題についての理解を深めるためにはどうしても必要な基礎知識なので、ぜひ読んでいただきたいと思います。

　第12章「マルクス、エンゲルスと人口問題」では、マルクスとエンゲルスの人口問題への言及をもとに、科学的社会主義の立場からの人口問題の考え方について、いくつかの論点を整理します。

※　　　※　　　※　　　※

　本書は、筆者がいくつかの講演会や研究会のさいに、人口問題に関連して話したこと、質問に答えたことなどを整理してまとめたものです。これらの集会で筆者に与えられた講演や報告のテーマは、必ずしも人口問題が中心ではなかったのですが、講演のなかでは少子・高齢化社会や人口減少の問題にふれるのを避けて通ることはできませんでした。そうした経験を通じて、人口問題についての入門的な解説書が求められていると考えるようになりました。

　このように、本書は、全体としては講演などのメモをもとにして書き下ろした原稿ですが、部分的には筆者がこれまでに発表した人口問題についての論説や著書を利用してあります。

　とくに本書の第6章「日本の『少子化』対策の失敗」は、拙著『「一億総活躍社会」とはなにか──日本の少子化対策はなぜ失敗するのか』（2016年、かもがわ出版）の第3章の論旨を要約したものであることをお断りしておきます。もちろんデータや資料は新しいものに差し替えたうえで、内容も補正・追加してあります。

　本書が現代日本の人口減少にたいする認識を深め、人口問題についての関心を広めるために少しでも役立つならば、それにまさる喜びはありません。

　2017年6月20日

　　　　　　　　　　　　　　　　　　　　　　　　友寄英隆

もくじ

はじめに　　*1*

序章　　日本の人口減少をめぐる二つの話題　　*12*

《日本は「子供を産ませない社会」になっている》　*12*

《国民の67％が「日本の人口は多すぎるので人口減少は良いことだ」
と思っている》　*16*

《第I部　現代日本の人口減少》

第1章　人口減少の影響——じわりじわりと日本社会に広がりはじめている　*20*

（1）「人手不足」
　　　——「有効求人倍率」は、景気指標としての有効性を失いつつある　*20*

（2）「売上不振」
　　　——生活関連サービス（小売・飲食・娯楽・医療機関等）が縮小する　*23*

（3）いわゆる「消滅自治体」問題
　　　——東京圏一極集中が矛盾を激しくする　*25*

（4）地方の公共交通網の衰退——人口減少が、さらなる人口減少を生む　*26*

（5）大学の淘汰——いわゆる「2018年」問題が迫っている　*28*

（6）「空き家」の増加
　　　——2020年後に、不動産価格が暴落する懸念も生まれている　*29*

（7）「年金制度の持続可能性」
　　　——安倍内閣は、給付削減・保険料引き上げを進めている　*30*

（8）いわゆる「2020年問題」、「2025年問題」、「2030年問題」　*31*

（9）人口減少の影響に「市場経済」の歪みが増幅されると、
　　　矛盾がいっそう拡大する——小児科医や産科医の減少の場合　*33*

（10）労働力人口の減少にともなう「潜在成長率」の低下　*34*

第2章　将来推計人口——それは、現代社会の矛盾を拡大して示す　*36*

（1）人口推計は、現代の人口現象の未来への「投影」である　*37*

（2）人口の急減は、現代日本の政治・経済・社会の歪みの
　　　「拡大投影」である　*38*

（3）日本の人口の歴史的推移——過去・現在・将来　*40*

7

（4）将来人口の推計方法　*43*

（5）「条件付推計」の意味するもの
　　──安倍内閣の「少子化」対策と人口推計　*46*

第3章　日本の人口減少の特徴 ──「人口の減少モメンタム」が長く続く　48

（1）「人口モメンタム」とはなにか　*48*

（2）日本では、これまでは「増加モメンタムの時代」が続いてきた　*50*

（3）長寿革命も、戦後日本の「増加モメンタムの時代」の要因だった　*51*

（4）「減少モメンタムの時代」への転換がはじまった　*52*

（5）総人口の減少とともに、人口構造の高齢化が進む　*53*

（6）長期参考推計では、「少産多死」の「人口減少社会」が続く　*55*

（7）人口減少と国民意識、経済学の課題　*56*

第4章　「人口静止」の水準自体が、急速に下がり続けている　58

（1）人口の「減少モメンタム」は、将来の「人口静止水準」を引き下げる　*58*

（2）現代日本の「少子化」は、急速に「人口静止水準」を引き下げている　*59*

（3）「人口のゼロ成長」と「経済のゼロ成長」とを混同しない　*60*

（4）人口減少をめぐる「根拠なき楽観主義」と「過度の悲観主義」　*62*

第5章　「少子化」を促進する「家族の困難」
　　──人口問題の基礎範疇は「家族」である　64

（1）「貧乏人の子沢山」──実は「貧乏家族の子沢山」　*64*

（2）人口変動は、家族の形成、発展、消滅によって左右される　*66*

（3）現代日本社会における「家族の困難」　*67*

（4）「家族の困難」と未婚率の上昇、晩婚化の意味すること　*69*

（5）「少子化」が深刻な日本で、「子どもの虐待」や
　　「子どもの貧困」が増えている　*72*

（6）旧い「家族」思想の復活は、ますます「家族の困難」を増大させる　*74*

[コラム]　人口学の範疇としての「家族」　*76*

もくじ

《第Ⅱ部　現代日本の人口政策》

第6章　日本の「少子化」対策の失敗 ——政府、財界、社会のトリプル・エラー *78*

（1）政府の失敗——歴代の自公政権の「少子化」対策の責任　*78*
　1.「少子化」の定義と「少子化」対策の経過／　2.「政府の失敗」の二重の責任
　／　3. 政府の「少子化社会対策大綱」に根本的に欠けているもの／　4.「新自由
　主義」路線の労働政策、「労働ビッグバン」による「少子化」の促進／　5. 若者
　の貧困、教育の貧困と「政府の失敗」

（2）財界・大企業の失敗
　　——当面の利益追求を優先させ、「少子化」を促進　*88*
　1. 日本経団連の「少子化」対策の提言／　2. 1970 年代以降 ——「高度成長」
　の破たんと「出生率低下」のはじまり／　3. 1990 年代以降 ——「新自由主義」
　路線による資本の強蓄積、労働力再生産の条件の危機／　4.「当面の労務政策」
　と「長期的な労働力政策」の深刻なトレードオフ

（3）社会の失敗——その根底には、根強い「女性差別」と「女性の貧困」　*94*
　1. なぜ「社会の失敗」という視点が必要なのか／　2. 日本のジェンダー平等度は、
　144 カ国中の 111 位——根底にある根強い「女性差別」／　3.「選択制夫婦別姓」
　を認めない最高裁判決／　4.「社会構造」の変革を阻んでいるものはなにか／
　5.「生めない現実」、「生まない選択」の背景に「女性の貧困」／　6.「女性の自立」
　と「労働と家庭からの排除」のパラドキシカルな関係

第7章　「人口減少社会」は、AI や IoT で乗り越えられるか　*106*

（1）進化する AI は、人間の能力に近づいている　*106*

（2）IoT は、新たな「生産性の向上」をもたらす　*108*

（3）安倍内閣は、「人口減少」に ICT 革命で対応するというが…　*110*

（4）労働力人口の減少を、産業の ICT 化で補えるか　*111*

（5）資本主義のもとでの「人口減少社会」には、
　　ICT 革命では乗り越えられない限界がある　*113*

第8章　「人口減少社会」は、移民の受け入れで乗り越えられるか　*116*

（1）現代の国際人口移動
　　——移民問題は、欧米日諸国にとって 21 世紀の共通の課題　*116*

（2）日本の場合——「外国人労働者」政策の失敗　*119*

（3）日本経団連の「日本型移民政策」の提案
　　——安上りの労働力確保を狙う　*122*

（4）ILO 条約などの国際的原則の立場に立つ　*125*

（5）「少子化」対策の失敗を「移民」で補うことはできない
　　　──真の多文化共生社会をめざし、
　　　　国際的基準による「移民基本法」を　*127*

[コラム]　移民と難民の定義　*128*

第9章　21世紀の人口政策──リプロダクティブ・ヘルス／ライツの考え方　*130*

（1）安倍内閣の「女性手帳」の失敗──「少子化」対策の教訓　*130*
（2）人口政策の国際的基準
　　　──リプロダクティブ・ヘルス／ライツ（SRHR）　*132*
（3）SRHR の特徴
　　　──リプロダクティブ・ヘルスと従来の家族計画・母子保健との違い　*134*
（4）人口政策がリプロダクティブ・ヘルス／ライツへ
　　　発展した歴史的経過　*136*

第10章　日本の「少子化」対策のために
　　　──日本資本主義のあり方が問われている　*140*

第1　現代日本の「資本主義のあり方」への反省、利潤最優先主義からの脱却。*140*
第2　人口政策の国際的基準、リプロダクティブ・ヘルス／ライツの実現。*141*
第3　人間らしい労働と生活をめざす改革、ディーセント・ワークの実現。*141*
第4　根強い「女性差別社会」の改革、真のジェンダー平等社会の実現。*142*
第5　「少子化社会対策大綱」の抜本的改正、「異次元の少子化対策」の推進。*143*
第6　外国人労働者、移民の権利の保障、真の多文化共生社会の実現。*143*
第7　「人口減少時代」に、若者が希望の持てる21世紀日本の展望。*144*
第8　日本社会の危機を打開するための国民的合意、政治の民主的な転換。*145*

[コラム]　科学的社会主義の立場──母性保護とジェンダー平等、「少子化問題」　*146*

《第Ⅲ部　人口問題の基礎理論》

第11章　人口変動の基礎知識──「人口学のイロハ」　*148*

（1）「コーホート」と「人口ピラミッド」　*148*
（2）人口構造
　　　──年齢3区分別（年少人口、生産年齢人口、高齢人口）、従属人口指数　*150*
（3）人口動態（変動）──①出生、②死亡、③移動　人口動態統計　*151*
（4）「合計特殊出生率」とはなにか　*153*

（5）「人口置換水準」とはなにか　*155*

（6）出生率と出生者数　*156*

[コラム]　出生率と出生数の関係式　*158*

（7）　死亡率、生命表、平均余命、平均寿命　*159*

（8）　静止人口、安定人口、適度人口　*160*

（9）「人口転換」の理論（demographic transition theory）　*165*

（10）20／21世紀の「人口減少」——「第二の人口転換」理論　*167*

（11）人口問題の統計について　*168*

[コラム]　「人口転換」(人口増加)の数学的表現——ロジスティック曲線(方程式)　*171*

第12章　マルクス、エンゲルスと人口問題　*172*

（1）人類の歴史の前提としての「人間そのものの生産と再生産」　*173*

（2）富の基本源泉としての総人口　*174*

（3）資本主義社会の固有の人口法則としての「相対的過剰人口の理論」
　　——多国籍企業の資本蓄積の発展とグローバルな規模での産業予備軍の形成　*175*

（4）資本主義の搾取強化の将来と人口衰亡——マルクスの指摘の先見性　*178*

（5）「移民」による人口変動——人口統計の分析　*179*

（6）21世紀の「人口減少社会」と「相対的過剰人口の理論」　*182*

（7）人類史における「家族」の生成・発展
　　——富の生産と私的所有の歴史　*183*

（8）資本主義のもとでの研究課題としての「家族」　*185*

[コラム]　「家族」をめぐる新しい研究
　　　　——エマニュエル・トッドの「家族」論　*188*

あとがき　*190*

[資料]　日本の人口——基本統計と論議の経過　*192*

序章

日本の人口減少をめぐる
二つの話題

　最初に、日本の人口減少をめぐる、2つの話題を紹介することからはじめたいと思います。2つとも数年前の新聞に掲載された記事ですが、日本の人口問題を考えるためのとっかかりとして、たいへん示唆的な記事だと思われるからです。

《日本は「子供を産ませない社会」になっている》

　まず一つは、「朝日新聞」夕刊に作家の池澤夏樹さんが連載しているコラム（「終わりと始まり」）で、「人口減少　子供を産ませない社会」という表題で掲載されていた記事です。、コラムといっても、かなり長いのですが、その一部を省略して紹介しておきましょう（14㌻）。

　池澤さんがこのコラムの冒頭でとりあげている「新しい人口推計」は、ちょうど5年前の2012年1月に発表された前回の「将来人口推計」です。この前回の人口推計では、日本の人口減少は急激にすすみ、約50年後の2060年には8,674万人になると予測していました。さらに長期参考

12

推計として 2110 年には 3,795 万人へ、現在の約 3 分の 1 にまで人口が縮小するというショッキングな数値もあげていました。（国立社会保障・人口問題研究所の「将来人口推計」の意味については、後に第 2 章で詳しく検討します）。

この「将来人口推計 (2012 年)」が発表されたとき、各新聞もトップでとりあげたため、大きな話題になりました。池澤さんのコラムは、こうした時代背景のもとで執筆されたものです。

池澤さんは、「子を産む産まないはあくまで個人が決める」ことであるが、それを全力で支えるのが社会の役割なのに、「日本の社会は子供を産ませないようにしてきた」と指摘しています。それがコラムの表題にもなっています。

ちなみに池澤さんは、北海道帯広市に生まれ、小学校から後は東京で育ち、30 歳代の 3 年をギリシャで、40 ～ 50 歳代の 10 年を沖縄で、60 歳代の 5 年をフランスで過ごして、現在は札幌市に在住されているそうです。さすがにフランスで 5 年も過ごした人らしく、出生率の回復に成功したフランスの例を引いて、「フランスでは出産と育児に対するケアが厚い」と書いています。それに引き換え、「日本の社会は子供を産ませないようにしてきた。高速道路は津々浦々まで届いたが今もって保育園の数は足りない」と指摘し、コラムの最後は「やがて静かに地上最後の日本人がいなくなる日が来る」と、締めくくっています。

池澤さんのコラムから、5 年たち、安倍内閣は、「少子化」対策をかかげ、出生率を 1.8 に引き上げるなどと言っていますが、保育所不足の現実は少しも変わっていません。日本は、いぜんとして池澤さんの言うような「子どもを産ませない社会」のままです。

日本は、いったいなぜ「子どもを産ませない社会」になったのでしょうか。

「人口減少　子供を産ませない社会」　　池澤夏樹（作家）

（いけざわ・なつき　1945年生まれ。作家、詩人。『スティル・ライフ』で芥川賞受賞）

　新しい人口推計によれば、五十年後に日本の人口は今の三分の二まで減るという。

　実に不思議なことだ。十四世紀以降ヨーロッパでは何度かペストが流行して人口が激減した。縄文期には日本の人口が一千年のうちに三分の一まで減少した。気候の寒冷化と大陸から来た疫病が原因だという。

　今、そういう災厄は見あたらない。我々は多くの疾病を克服してかってないところまで寿命を延ばした。それでも人口が減ってゆくのは、産んで育てることをしないからだ。

　個体としての自分を生かすことと子孫を残すことは生命の基本原理である。生存と生殖。すべての生物はこの二つに全力を投入している。環境が許すかぎり数を増やそうとする。しかし、人間を他の生物と並べて語ることはもうできない。ヒトという種は自分たちに有利なように環境を変えて地表に君臨している（掟やぶりと他の生物は言うだろう）。生物をして生殖に勤しませる原動力を快楽と呼んでいいかどうか、それはわからないが、本能の命令を達成することに個体として大いなる喜びが伴うのは間違いないだろう。

　近年になって人間は生殖と快楽を分離した。あまりに繁殖力が強いのでそのままでは人口過剰になって個体間の生存競争が激烈になる。しかし生殖に伴う快楽は捨てられない。禁欲なんてできるはずがない。だから嬰児を殺し、老人を捨て、江戸時代には村で余った若年層を都会へ出稼ぎに出した。・・・(中略)・・・。

　避妊の技術が進んで、最近ではあまり殺さないでも済むようになった。生殖と快楽の分離が完成した結果、我々は一年中発情しながら生殖をしない、という矛盾に満ちた生物になった。最近、核分裂連鎖反応とか、遺伝子組み換えとか、ヒトは自然界にない原理を自分たちのために作り

序章　日本の人口減少をめぐる二つの話題

　出してきた。目前の利のためにと言おうか。生殖なき性もその一つかもしれない。・・・（中略）・・・。

　いわゆる先進国ではこの傾向が加速された。人間は自分の安楽を求めるために、子孫を残すことをやめた。人口が減少するのは当然である。本来ならば自然が介入してバランスを取ってくれるのだがヒトはそれを断った。けれど、社会として政治として、自然に代わって介入することは可能だったのだ。フランスがその事例を示している。2010 年の出生率が日本では 1.39、これに対してフランスは 2.00。日本では五組のペアから七人しか子供が生まれないのだから人口が減るのは当然である。フランスでは出産と育児に対するケアが厚い。ここで制度の細部に踏み込むことはしないが、一つだけ単純なことを挙げれば、フランスでは女性の生涯を通じた労働力率のグラフが逆 U 字形をしている。日本では M 字形である。フランスの女性は出産と育児のために職場を離れるということがほとんどない。さまざまな手当や負担軽減措置があり、保育園などの支援の制度が完備している。更に、結婚しないままの同棲（どうせい）が多いことも出産を促しているかもしれない（同棲を法的に認める PACS ＝連帯市民協約という制度がある）。日本式に言うと婚外子ということになる子の率は五割に近い。子を産む産まないはあくまで個人が決める。社会は全力を挙げて手伝う。

　日本の社会は子供を産ませないようにしてきた。高速道路は津々浦々まで届いたが今もって保育園の数は足りない。経営者たちは勤務と育児の並立など論外と言う。自分だって産んでもらって育ててもらったくせに。日本の人口減少は年金制度の崩壊などというレベルの話ではない。核戦争がなく、原発の事故がなく、食糧危機がなくても、我々は個々のわがままなふるまいの故に未来を失ってしまった。やがて静かに地上最後の日本人がいなくなる日が来る。

　　　　（出所）「朝日新聞」夕刊「連載コラム〈終わりと始まり〉」2012 年 2 月 7 日付

戦前の日本や、敗戦直後の日本では、子どもが 3 人、4 人という家族が普通でした。私たちのおじいさん、おばあさんの時代には、子どもが 5 人、6 人いることは、少しも珍しいことではありませんでした。つい半世紀以前には、日本は「子どもを産ませる社会」だったのです。だから、明治維新のころ (1860 年代) には、日本の人口は 3,400 万人ぐらいだったのが、わずか 1 世紀後の 1985 年には約 3 倍の 1 億 2,000 万人にまで猛烈な勢いで増大してきたのです。つまり、日本は、「急激に人口が増大する社会」から、今度は逆に「急激に人口が減少する社会」に変わったのです。

　そこで、もう一度繰り返します。日本は、いったいなぜ、どのような理由、どのようなメカニズムで「子どもを産ませる社会」から「子どもを産ませない社会」に急転してしまったのでしょうか。

《国民の67%が「日本の人口は多すぎるので 人口減少は良いことだ」と思っている》

　もう一つの話題は、池澤さんのコラムから 2 年半ほど後に、「朝日新聞」の週末別冊紙面の「be between」という欄に掲載された人口問題についての読者アンケートの記事です。回答者は、「朝日」読者の 2,081 人ですから、それほど多くはありませんが、ある程度、現在の日本国民の人口問題についての平均的な認識を表わしているように思えます。

　調査結果は、《別項》(19ﾍﾟ) のように、たいへんわかりやすくまとめてあります。これをみると、2 つのことがわかります。

　第一に注目すべきなのは、「人口 1 億人を死守したいと思う？」という問いにたいして、67% の人が明確に「いいえ」と否定的に答えていることです。この答えは、質問の文章が「死守したいと思う？」というように、かなりきつい表現になっていることにも一定の影響があると思われます。

　もともと、このアンケートが掲載された 2014 年 10 月という時期は、

安倍内閣が同年6月に「まち・ひと・しごと創生本部」なるものを立ち上げて、「50年後にも1億人程度の人口を死守」などという方針をかかげた直後にあたります。アンケートの「問い」は、明らかに安倍内閣の政策を念頭に置いて、その「1億人を死守」という人口政策への賛否を問うものとなっています。ですから、「いいえ」と答えた「朝日」読者のかなりの人が、安倍内閣の人口政策への批判の意味を込めていることが考えられます。

とはいえ、「死守」という質問の表現を差し引いて考えても、国民の7割近くが「人口1億人」に否定的という調査結果は、やや意外な感じがします。しかし、アンケートとともに、「朝日」紙で紹介されている回答者の「声」を見ると、なるほどと納得がいきます。

「1億人なんて多すぎます。死守しようなんて発想、どこからくるのか訳わからん」（東京、63歳男性）

「どう考えても狭い国土に人が多すぎる」（兵庫、64歳男性）

「都会を歩くと人が多過ぎてうんざり。なぜ人口を増やさなければならないのか」（東京、53歳女性）

「世界をみれば、貧しい地域ほど人口が増えている。人口減は日本が豊かな国になった証拠では」（東京、78歳男性）

つまり、「1億人死守」に「いいえ」と回答した67％の人たちの思いは、一言でいえば、「人口は多すぎるので、むしろ人口は減少するのが望ましい」ということのように思われます。

アンケートで、第二に注目されるのは、最後の質問「適正だと思う日本の人口は？」にたいする回答です。この回答は、「1億4千万人以上」から「6千万人以下」まで、大きくばらついていますが、「1億人以上」と回答した人を累積すると、62％になります。

最初の質問の回答と合わせて考えると、「1億人を死守」には否定的だが、「適切なのは1億人以上」ということになります。しかし、これはよく考えると少し矛盾しています。1億人を死守しないほうが良いが、

1億人以上が望ましいということになるからです。

　この一見すると矛盾している二つの回答を合理的に理解しようとすれば、次のようになるでしょう。つまり、——現在日本の総人口は1億2千万人程度なので、あと2千万人ぐらいは人口が減少しても容認できるし、むしろ減少したほうが望ましいのだが、1億人程度にまで減少したら静止してほしい、という願望です。

　しかし、こうした願望通りにこれから先の日本の人口減少が進んでいくものなのかどうか。

　現実には、けっしてそうはいかないのです。いくら「1億人程度が適切な規模」だと考えたとしても、現在の人口減少のメカニズムを変えないかぎり、1億人になっても人口減少は止まらずに、8千万人、7千万人、……と減少し続けて、100年後には4千万人程度にまで縮小する可能性がある、——こう「将来人口推計」は予測しています。

　しかし、このような悲観的な「将来人口推計」には、はたしてどのような客観的な必然性があるのでしょうか。50年後、100年後の人口を推計する方法には、科学的な根拠があるのでしょうか。こうした疑問が生まれてきます。これらに答えるためには、もう一歩踏み込んで、人口問題について考えてみる必要があります。

　本書では、以下の12章で、こうした疑問に答えていこうと思います。

序章　日本の人口減少をめぐる二つの話題

（質問）人口1億人を死守したいと思う？

はい	いいえ
33%	67%

▼「はい」の人が答えました.
その理由は？（二つまで選択，8位まで）

国の衰退に歯止めかからぬ	336人
年金・社会保障の維持に必要	310
国内市場の維持に必要	240
若い世代の負担が増える	187
過疎地が増える	83
国の存在感が小さくなる	68
外国人労働力に頼りたくない	64
大台を割ると際限ない	29

▼「いいえ」の人が答えました.
その理由は？（二つまで選択，8位まで）

1億人にこだわる必要はない	917人
少なくても繁栄してる国ある	553
地球レベルの人口増加の方が問題	481
国による人の生き方への関与が嫌	205
食料・エネルギーの自給率上がる	136
どうせ人口減少食い止められぬ	136
外国人労働力を受け入れればいい	39
出産・育児は女性に負担	39

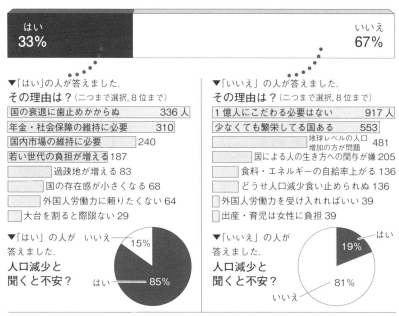

▼「はい」の人が答えました.
人口減少と聞くと不安？
いいえ 15%　はい 85%

▼「いいえ」の人が答えました.
人口減少と聞くと不安？
はい 19%　いいえ 81%

▼全員が答えました
人口減少を食い止めるためにどうしたらいい？（二つまで選択，8位まで）

働きながら育児できる環境整備	1416人
経済政策推進で雇用確保	685
教育費を下げる	397
未婚者減らす	349
子だくさん世帯優遇	248
貧困家庭への援助	193
何もしない	175
外国人移民受け入れ	113

▼全員が答えました
適正と思う日本の人口は？

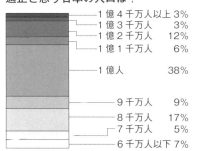

- 1億4千万人以上　3%
- 1億3千万人　3%
- 1億2千万人　12%
- 1億1千万人　6%
- 1億人　38%
- 9千万人　9%
- 8千万人　17%
- 7千万人　5%
- 6千万人以下　7%

※回答者数 2081人

（出所）「朝日」2014年10月11日（土曜版別刷）

《第Ⅰ部　現代日本の人口減少》

第1章

人口減少の影響
── じわりじわりと
　　日本社会に広がりはじめている

　人口動態統計や国勢調査などの全国的な統計では、はっきりと人口減少が進んでいますが、まだ国民一人ひとりの暮らしの場面では、人口減少と言っても、それほど大きな問題としては実感がないかもしれません。しかし、人口減少の影響は、すでに日本社会のさまざまな分野で現実的な問題として現われはじめています。人口減少の影響は、もはや避けて通れない「今そこにある危機」になりつつあると言ってもよいでしょう。

　そこで第1章では、いま日本社会でじわりじわりと広がりつつある人口減少の現われについて、いくつかの具体的な事例をもとに概観しておきましょう。

(1)「人手不足」──「有効求人倍率」は、
　　　　　　　　　　景気指標としての有効性を失いつつある

　最近、「人手不足」という言葉がテレビや新聞のニュースでよく出てくるようになりました。

　2017年に入ってから、物流大手のヤマト運輸が人手不足（ドライバー

第 1 章　人口減少の影響

図 1-1　従業員が「不足」している上位 10 業種（%）

	正社員	2017 年 1 月	2016 年 7 月	2016 年 1 月	非正社員	2017 年 1 月	2016 年 7 月	2016 年 1 月
1	放送	↓ 73.3	↓ 76.9	66.7	飲食店	↑ 80.5	↓ 79.5	85.7
2	情報サービス	↑ 65.6	↓ 60.0	66.5	娯楽サービス	↑ 64.8	↑ 63.0	52.0
3	メンテナンス・警備・検査	↑ 62.9	↓ 50.0	57.3	飲食料品小売	↓ 59.4	↓ 63.8	65.8
4	人材派遣・紹介	↑ 60.8	↓ 41.7	47.2	繊維・繊維製品・服飾品小売	↑ 55.6	↓ 43.2	48.5
5	建設	↑ 60.1	↓ 53.2	53.6	医薬品・日用雑貨品小売	↑ 55.5	↑ 46.4	52.0
6	家電・情報機器小売	↓ 58.3	↑ 65.0	51.4	旅館・ホテル	↓ 53.3	↓ 57.1	59.4
7	運輸・倉庫	↑ 58.1	↓ 48.1	51.9	メンテナンス・警備・検査	↑ 52.5	↓ 50.4	53.5
8	専門サービス	↑ 54.8	↓ 47.5	50.5	人材派遣・紹介	↑ 51.1	↓ 48.8	52.1
9	自動車・同部品小売	→ 54.2	↓ 54.2	54.2	各種商品小売	↑ 44.7	↑ 42.9	50.0
10	電気通信	↑ 53.8	↑ 25.0	0.0	家具類小売	↑ 42.9	↓ 33.3	57.1

注：2017 年 1 月の矢印は 2017 年 1 月と 2016 年 7 月との増減、2016 年 7 月の矢印は 2016 年 7 月と 2016 年 1 月との増減を表す
（出所）帝国データバンク

不足）のために、宅配便の荷受の総量抑制をするというニュースが大きく報道されました。春闘のなかで、ヤマト運輸の労働組合は、トラックドライバーの不足で慢性化している長時間労働の軽減とともに、荷受量の抑制を要求しました。

　「ヤマト労組は 17 年の春季労使交渉で初めて、宅配便の総量抑制など抜本的な働き方改革を要求した。宅配便取扱数は 16 年度に 18 億個を超えて過去最高になることが確実。5 年前と比べて 3 割増えており、従業員の長時間労働が常態化していた。会社側もサービス維持に限界が迫っていると判断。宅配便の基本運賃を 27 年ぶりに引き上げるなどして総量を抑制する。ネット通販大手アマゾンジャパン（東京・目黒）など大口顧客と値上げ交渉し、折り合わなければ取引停止を検討する」（「日経新聞」3 月 17 日）。

　物流業界とともに、建築業界での人手不足も深刻です。ピーク時の 1997 年に 685 万人いた就業者は、2013 年には 499 万人へと 186 万人も減少しています。政府の試算によれば、2015 ～ 20 年度の 6 年間で建設業界では延べ 15 万人の人材が不足するといいます。現場で働く技術者、建築士、施工管理技士、とび工、左官などの技能労働者、職人層も足りなくなり、建築業界では人材争奪戦が激化しています。

21

第Ⅰ部　現代日本の人口減少

　安倍内閣は、2020年の東京五輪の関連施設の建設、インフラ整備を理由として、人手不足が深刻な建設業界に限って外国人労働者（技能実習）の受け入れを拡大する緊急対策を決めました。2015年度から20年度までの時限措置です。本来は外国人技能実習制度の滞在期間は最長3年間で再入国が認められていないのですが、法相指定の在留資格「特定活動」で2年間の延長を認め、連続5年間の滞在が可能になります。再入国する場合は最長3年間の滞在を認めます。

　物流業界や建築業界だけではありません。人手不足の問題は、もう数年前から産業界全体に広がっています。帝国データバンクは、定期的に「人手不足に対する企業の動向調査」をおこなっていますが、その最新のデータ（2017年1月）によると、「企業の43.9％で正社員が不足していると回答、半年前の2016年7月調査から6.0ポイント増加した。正社員の人手不足は、過去10年で最高に達した」と、次のように要約しています（図1-1）。

　　「業種別では『放送』の73.3％でトップとなった。さらに、『情報サービス』や『メンテナンス・警備・検査』『人材派遣・紹介』『建設』が6割以上となった。また、規模別では、規模の大きい企業ほど不足感が強く、『大企業』では51.1％と半数を超えている」。「非正社員では企業の29.5％が不足していると感じており、半年前から4.6ポイント増加した。業種別では『飲食店』『娯楽サービス』『飲食料品小売』などで高い。上位10業種中8業種が小売や個人向けサービスとなり、個人消費関連業種で人手不足が高くなっている」。

　この帝国データバンクの人手不足の実態調査について留意しておかねばならないのは、対象が営利企業に限られていることです。公共的な分野、たとえば保育や介護などの福祉関係や、医療関係の人手不足は、よりいっそう深刻です。

　ここで大事なことは、人手不足の背景には、働く人たちにたいする劣悪な待遇の問題、低賃金、長時間労働など労働条件の問題があるという

第1章　人口減少の影響

ことです。労働条件があまりにも悪いために、資格を持っていても働けない人、働く気にならない人が多いのです。

　人口減少の時代には、経済統計の意味も、かつての人口過剰の時代とは、正反対の経済状態を表わすことが多くなっています。とくに雇用関係の経済指標には、人手不足の影響が直接的に表われてきますから、注意が必要です。

　たとえば、有効求人倍率と言う統計があります。これはハローワークに申し込まれている求職者数（分母）にたいする求人数（分子）の割合を示す指標です。しかし、今日のように生産年齢人口が年々減少している時代には、かつてのように有効求人倍率の上昇が好景気の状態を示す指標としての意味は薄れてきています。分子の求人者数にたいして、分母の求職者数が減っているために、有効求人倍率が大きくなっているからです。人口減少時代には、有効求人倍率の上昇は、企業が人手不足でいかに困っているかを表わす指標として見ていく必要があるでしょう。

　安倍首相は、アベノミクス（安倍内閣の経済政策）の「成果」をあげるときに、よく有効求人倍率が最高に高まっていることをあげます。これは、日本が人口減少社会に入ったために、とくに若い労働力が急減しつつあるという現実を無視した、もはや「空論に近い成果」だと言わざるをえません。

(2)　「売上不振」── 生活関連サービス（小売・飲食・娯楽・医療機関等）が縮小する

　「人手不足」の問題とともに、すでに数年前から進行しつつあるのは、人口減少が消費需要の減少と消費構造の変化に拍車をかけているという問題です。

　国土交通省の『国土交通白書』（2014年度版）が人口減少問題をとりあげています。このなかで人口減少を感ずるのはどんな場合ですかというアンケートにたいして、「商店街にシャッターが下りたままの店舗が

第Ⅰ部　現代日本の人口減少

図1-2　どんな場合に「人口減少」を感じるか

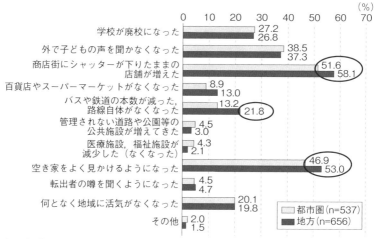

(出所)『国土交通白書』(2014年度版)、21ｼﾞ。

増えた」という回答が、都市でも地方でも一番多くなっています（上図）。

　商店や事務所が閉店・閉鎖し、衰退した商店街や街並みが目立つようになったのは、1980年代後半頃からです。人口減少だけが原因ではありませんが、地方の場合は、全国的な人口減少に加えて大都市への人口移動（とりわけ東京一極集中）による過疎化が進行して、商店街の売り上げ不振に拍車がかかったことは否定できません。同白書は、「人口減少による地方のまち・生活へのそれぞれの影響は、生活利便性の低下や地域の魅力の低下を通じて、さらなる人口減少を招くという悪循環に陥る」と指摘しています。

　すでに、今から10年近く以前に、森田富治郎・第一生命保険会長（当時・日本経団連副会長）は、日本経団連の機関誌『月刊・経済Trend』（2008年4月号）の巻頭言で、「少子化の現実的脅威を直視すべし」と題して、次のように論じていました。

　「内需停滞の最も重要な要因は、端的に言って少子化問題である。日本の生産年齢人口は、1996年から減少に転じた。そして早くも翌

97 年から、全国百貨店・スーパーの売上高（既存店ベース）が前年比マイナスに転じ、また、食品・飲料等生活必需品の売上伸び悩み、国内新車販売の減少等、個人消費には下方圧力がかかり続けているのである。そしてこの圧力は生産年齢人口減少のスピードアップに伴って、なお急速に増していくのは必至である」。

人口減少による消費需要への影響について考えるさいに、やや複雑なのは、生産年齢人口は急激に減少していますが、高齢者の人口は増加しているために、高齢者向けの市場は拡大していることです。

たとえば、医療・介護、宅配食品、旅行などの分野では、年々市場が拡大しています。しかし、こうした高齢者向けの市場の拡大は、家計消費支出の増大を意味しますが、年金収入などの公的財源で賄われる場合が多いために、財政負担の増加をもたらすことになります。その財政負担は、消費税などの増税を招き、家計消費支出の抑制に跳ね返ってきます。

(3) いわゆる「消滅自治体」問題
—— 東京圏一極集中が矛盾を激しくする

高知県の四国山地の中央に位置する大川村は、1960 年には人口 4,000 人余でしたが、過疎化が進み、現在は約 400 人にまで減少してきています。大川村では、村議会（定数 6）を廃止し、住民の有権者全員で構成する「町村総会」を設置する検討を始めました。このニュースは、日本の人口減少自治体の窮状を象徴するものとして、新聞やテレビで大きく報道されました。

数年前から「消滅自治体」とか「消滅可能性都市」などという言葉をよく見かけるようになりました。2014 年 5 月に、民間研究機関の日本創成会議・人口減少問題検討分科会が「2040 年には 896 の市区町村において若年女性（20-39 歳）人口が半分以下となり、これらの市区町村は消滅する可能性がある」という推計を公表したことが大きな反響を呼

第Ⅰ部　現代日本の人口減少

び、この年の流行語大賞の候補にもなりました。

日本創成会議の推計が反響を呼んだのは、全国の市区町村の半分にあたる896自治体の実名をあげて、たとえば青森、岩手、秋田、山形、島根の5県では8割以上の市町村に消滅可能性がある、とくに秋田県は大潟村を除く全自治体に消滅の危機があるなどと、いかにもセンセーショナルな発表をしたからでした。

この896自治体が消滅するという推計は、2010年の国勢調査（社人研が2013年3月に発表した地方別の人口推計データ）をもとに、市区町村別の将来の総人口を割り出したものです。これにたいしては、出産適齢期の女性人口の推移だけによって総人口を推計する方法の妥当性など、さまざまな批判がなされています。

とはいえ、日本全体の総人口の減少は、地域によってきわめて不均衡にすすんでいることは確かな事実です。2015年の国勢調査によると、東京・愛知・埼玉など8つの都と県では5年前より人口が増加しているので、他の39道府県では、平均以上に人口減少が進んでいることになります。東京圏への一極集中はますます進行しており、東京の出生率がもともと低いなか、東京への人口移動のために、これまで出生率が高かった地方での出生率も下がり、人口減少を加速させています。

「人口減少社会」は、地方においては、けっして50年後、100年後という遠い先の問題ではなく、まさに「今そこにある危機」となりつつあるといわなければなりません。

（4）　地方の公共交通網の衰退
── 人口減少が、さらなる人口減少を生む

地方における人口減少が、さらなる人口減少を生む悪循環の事例として、地方の鉄道やバス路線の撤退・廃路の問題をみておきましょう。

鉄道のローカル線は、すでにこれまでにも2000年以降、全国で39路線、771.1kmが廃止されてきました。人口減少が進行するとともに、ロー

図1-3 人口減少が、さらなる人口減少を生む

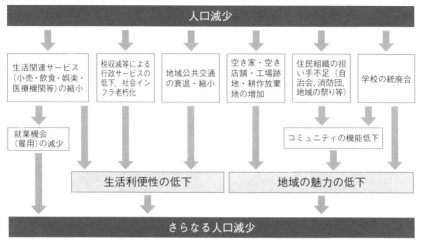

(出所)『国土交通白書』(2014年度版)、22ページ。

カル線廃止の動きはますます拍車がかかりそうです。とりわけ深刻なのは、JR北海道です。2016年11月、島田修社長が記者会見で全路線2,500kmの約半分にあたる1,237.2km、10路線13区間について、JR北海道単独で維持することが難しいとしてバスへの転換や自治体からの財政支援が不可欠だと発表しました。鉄道の廃止は、「通勤、通学ができない」「病院にいけなくなる」など住民の足を奪い、人口流出を加速させ、地域社会の崩壊にもつながりかねない深刻な問題です。

『国土交通白書』(2014年版)は、次のように述べています。

「人口減少による児童・生徒や生産年齢人口の減少が進めば、通勤通学者が減少し、民間事業者による採算ベースでの輸送サービスの提供が困難となり、地方の鉄道や路線バスにおいて、不採算路線からの撤退や運行回数の減少が予想される。他方では、高齢化の進行に伴い、自家用車を運転できない高齢者等の移動手段として公共交通の重要性が増大しており、地域公共交通の衰退が地域の生活に与える影響は従前より大きいものとなっている」。

第Ⅰ部 現代日本の人口減少

　人口減少に伴う地方鉄道の利用客の減少は、経営難による人員削減、保線作業や車両整備など安全管理の不具合、重大事故の発生や輸送障害（運休や遅れなど）を頻発させることになっています。

　また公共交通の崩壊は、間接的には、高齢者のマイカーによる運転事故を多発させる原因にもなっています。

（5）大学の淘汰 ── いわゆる「2018年」問題が迫っている

　大学関係者の間では、かなり早くから「2018年問題」という言葉が語られてきました。近年横ばい状態にあった18歳人口が、2018年あたりから再び大きく減り始めて大学進学者数が激減することから、「倒産する私立大学が相次ぐ」との懸念が広がっています。

　年間出生数は急坂を転げ落ちるように減り、2020年は83.6万人、2030年には74.9万人と推計されています。かつて大学の経営破綻は「小規模な地方私立大学の問題」とみられていましたが、今後は国公立大学であっても入学定員割れが生まれる可能性が大きくなっています。

　文部科学省の資料（「大学入学者選抜、大学教育の現状」）を見ると、大学の入学定員が微増を続けているのにたいして、志願倍率は趨勢的に低下傾向にあります。1976年に2.15倍、1992年に1.94倍だったのに2013年は1.16倍にまで下がってきています。すでに半数近い私立大学が入学定員割れしています。

　大学の数は、現在、約780校（国公立、私立の4年制大学）あると言われます。すべての大学が生き残りを賭けて受験者、入学者を確保するために、さまざまな取り組みをおこなっています。新学部を開設したり、カリキュラムの充実を図るなど、大学間での競争が年ねん激化しています。

　駿台予備校、河合塾と並んで三大予備校の1つといわれてきた代々木ゼミナールは、2014年8月に、校舎の7割強にあたる20校舎を閉鎖（全

国 27 か所の校舎を 7 か所に集約）することを明らかにしました。大学の淘汰（とうた）時代がいよいよ現実味を帯びてきた印象です。

（6）「空き家」の増加
――― 2020 年後に、不動産価格が暴落する懸念も生まれている

全国で「空き家」問題が深刻になっています。2014 年秋の国会では、「空き家」対策の法律も成立しました。政府の統計によると、2013 年の時点で全国の「空き家」は 820 万戸、全戸数の 13.5 ％にものぼります。これらの「空き家」には、業者が管理している賃貸住宅や別荘なども含みますが、個人所有の「空き家」だけをみても 318 万戸で、10 年前の 1.5 倍に増えています。このままだと、2028 年の空き家率は 23.7 ％になるという民間研究所の試算もあります。

急増している「空き家」は、地域の景観の悪化だけでなく、老朽家屋の倒壊の危険、雑草繁茂や不法投棄の誘発による公衆衛生の低下、犯罪や治安の悪化など、さまざまな弊害が懸念されています。

「空き家」急増の直接の原因としては、所有者が解体費用を払えないこと、解体して更地にすると固定資産税が 6 倍に跳ね上がるために放置されていることなどが指摘されています。「空き家」の所有者が遠方に住んでいたり、相続後の管理責任者の所在が不明確になっている場合もあるといいます。しかし、いま現象としてあらわれている「空き家」増大の深部の背景には、人口減少、急速な高齢化、東京一極集中、自民党政権のもとでの自治体大合併による地方都市の過疎化、地域の疲弊などなどがあります。

「空き家」の急増とともに、東京圏の不動産業界の一部でささやかれているのが「マンション 2020 年問題」、不動産価格暴落の懸念です。2020 年の東京五輪・パラリンピック開催にむけて急ピッチで進む都心の開発整備によって分譲マンションの建設も活況をみせていますが、五輪フィーバーが終わった 2020 年以降にマンション・バブルが崩壊すれ

ば、不動産としての資産価値がゼロに近くなる危険があります。

（7）「年金制度の持続可能性」
—— 安倍内閣は、給付削減・保険料引き上げを進めている

　少子・高齢化がすすみ、人口減少がはじまるとともに、安倍内閣は、「年金・医療・介護制度の持続可能性」などを「口実」にして、社会保障制度の改悪による給付の削減を開始しました。別表（図1-4）のように、安倍内閣のもとでの4年間に、年金削減だけでも1兆7,500億円にのぼります。さらに、2019年度に予定される「財政検証」を機に、年金支給年齢の引き上げをねらっています。

　現在では、国民の約3割（約4,025万人〔2015年度〕）が公的年金を受給し、高齢者世帯の収入の7割を公的年金が占めるなど、国民の老後生活の柱としての役割を担っています。「人口減少社会」を特集した2015年『厚生労働白書』は、次のように述べています。

　　「急激な人口減少・高齢化は、我が国の経済、地域社会、財政、社会保障などあらゆる面で問題を引き起こす。特に、世代間の支え合いの要素が不可欠な社会保障制度は、少子高齢化によって既に、年金、医療、介護をはじめ各制度で、給付の増大や現役世代の負担の増加など多くの課題を抱えている。これまでも、不断の改革が行われてきているが、大幅な人口減少がさらに進んでいけば、これらの制度の持続可能な運営を確保することが難しくなる事態にも直面しかねない」。

　また、厚労省は、5年ごとにおこなう公的年金の「財政検証」の目的について、次のように解説しています。

　　「このような財政方式のもとでは、当初の見込みに比べて少子高齢化が進行すると、高齢者の相対的な増加によって年金給付が相対的に増加することから、年金財政の給付と負担の均衡を保つためには、現役世代の負担の増加、又は年金受給者の給付の抑制が必要となる」（厚労省ホームページ「平成26年財政検証及びオプション試算の概要」）。

日本の社会保障制度のあり方は、「人口減少社会」の進行とともに、これからますます政治的な大争点になることは必至です。

図1-4

人口減少・少子高齢化を理由に年金削減がはじまっている

●安倍内閣のもとでの年金給付額の削減

2013年～15年	「特例水準解消」	2.5%減	▲1兆2500億円
2015年度	「マクロ経済スライド」	0.9%減	▲4500億円
2017年度	物価変動を踏まえ	0.1%減	▲500億円

●2017年度の年金保険料の引き上げ計画

| 2017年4月 | 国民年金保険料 | 月額1万6,260円⇒1万6,490円 |
| 2017年9月 | 厚生年金保険料 | 18.182%⇒18.3% |

●今後の年金給付額の削減予定

| 2019年の財政検証 | 年金支給開始年齢の引き上げ（検討） |

(8) いわゆる「2020年問題」、「2025年問題」、「2030年問題」
―― 少子・超高齢化の進行にともなう深刻な社会問題が予想されている

　人口減少の影響は、日常の暮らしではあまり気づかないような分野でも、じわりじわりと現われはじめています。とりわけ2020年代以降に入ると、「2020年問題」―「2025年問題」―「2030年問題」というように、節目節目で人口減少と少子高齢化の影響がさまざまな分野で現われてくることが予想されます。

1.「2020年問題」
―― 企業では「団塊ジュニア世代」の中高年社員化がすすむ

　「2020年問題」とは、1980年代後半のバブル景気の時期に大量採用したバブル世代社員や団塊ジュニアと呼ばれる世代（「団塊の世代」の子どもの世代＝1971～1974年の第二次ベビーブームの世代が中心）の高齢化にともなって、とくに大企業などではポスト不足、人件費負担増などの諸問題が起こってくるという問題です。大企業では、従業員のなかでバブル期に採用した社員や団塊ジュニア世代の占める割合がひじょうに多い

ため、彼らが 2020 年ごろには管理職へ昇進する年齢になり、賃金水準もピークにさしかかるとみられています。

　総務省の「就業構造基本調査」でみても、団塊ジュニア世代の中心層が大企業の雇用者全体に占める比率は、すでに 2012 年時点で各年齢層のうち最も高くなっています。これまで過去十数年の間は、団塊世代が賃金水準のピークを超え、労働市場から退出しはじめたことによって大企業の人件費削減が進んだといわれます。しかし 2020 年代には、団塊ジュニア世代が 40 歳代後半〜 50 歳代前半に達します。

2.「2025 年問題」──「団塊の世代」が後期高齢期に入る

　「2025 年問題」とは、「団塊の世代」(1947 年〜 49 年に生まれた世代) が 75 歳を超えて後期高齢者となり、国民の 3 人に 1 人が 65 歳以上、5 人に 1 人が 75 歳以上という「超高齢社会」がいっそう進むという問題です。

　2025 年以降は、「団塊の世代」の子どもの世代、すなわち団塊ジュニア世代にとって親の介護という新たな課題を抱えた社員が急激に増える事態が予測されています。企業でポストに就けず、賃金上昇も抑えられた社員に、親の介護の負担が重くのしかかり、介護離職者が急増することも予想されます。

3.「2030 年問題」── 都市部において単身高齢の貧困者が増大する

　「2030 年問題」とは、そのころに未婚や離別、死別による高齢の単身者世帯が急増するという問題です。とくに、その時期に中高年となる団塊ジュニア世代前後の男性の単身者世帯が増えます。60 歳代で見ると、2005 年に 10％だった一人暮らしの割合は 2030 年に 25％になります。女性も 50 〜 60 歳代の単身化が進むことが予想されるために、全世帯で一人暮らしは 4 割に迫ることになります。単身高齢者世帯の増大の背景には未婚率の上昇があります。2030 年の時点で生涯未婚率は男性は 3

割に、女性でも2割に近づくと予想されています。1990年生まれの女性の場合、3分の1以上が子どもを持たず、半数が孫を持たないことになります。

しかも、この時期に高齢になる人たちのなかには非正規雇用で働いてきた人びとが多いと想定されます。無年金者も多く、国民年金の受給権があっても、きわめて低額で、それではとても生活できない貧困な高齢単身世帯が急増する可能性があります。

(9) 人口減少の影響に「市場経済」の歪みが増幅されると、矛盾がいっそう拡大する —— 小児科医や産科医の減少の場合

これまでは、人口減少が日本社会におよぼしている影響について、いくつかの分野を取り上げてみてきました。さまざまな分野で、じわりじわりと影響が現われはじめていますが、いっそう厄介なことは、資本主義社会での人口減少は、「市場経済」の競争原理の経済法則と絡み合うと、ますます矛盾を拡大させるということです。

それを示す一例として、小児科や産科医の不足の問題をとりあげてみましょう。

一般的に考えれば、「少子化」で出生児数が減少すれば、机上で計算した需給バランスのうえでは、産科医、小児科医は「過剰」になりそうなものです。しかし、実際には、すでに10年以上も以前から、産科医、小児科医の絶対的不足が社会問題となってきました。

厚労省が発表した「2015年医療施設調査」(2016年11月)では、一般病院の小児科施設数は、1990年に4,119施設あったものが、2015年には2,642施設へ約3分の2に減少しています。また、産婦人科・産科の施設数は1990年に2,459施設あったものが、2015年には1,353施設へ55%にまで減少しています。

日本産科婦人科学会と日本産婦人科医会が2014年12月に連名で発表した「わが国の産婦人科医療再建のための緊急提言」によると、産婦人

科新規専攻医数は、2010年度をピークに減少を続けており、しかも、大都市部と地方の間の格差が拡大し、「状況はきわめて危機的」としています。産科医不足の要因は多様ですが、「緊急提言」を発表した両会のおこなった「産婦人科医の勤務実態調査」によると、なによりも過酷な勤務実態があるといいます。

「これから出生数はどんどん少なくなる。小児科医や産科医は確実に余る」という予測が蓋然性のある見通しであればあるほど、小児科医や産科医志望者が減少します。小児科医や産科医不足は、過酷な勤務をいっそう促進し、悪循環に拍車がかかります。その結果として、実際の出生児数の将来見通しよりも、はるかに早い時期に、しかも過大な規模の小児科医不足や産科医不足が進行しているのです。

(10) 労働力人口の減少にともなう「潜在成長率」の低下

最後に、日本経済全体への人口減少の影響として、「潜在成長率の低下」という問題を取り上げておきましょう。

日本経済の潜在成長率を計測した内閣府の試算によると、1980年代は4.4％、1990年代は1.6％、2000年代は0.8％と、急速に低下してきています。こうした潜在成長率の傾向的低下の最大の要因は、人口減少、とりわけ労働力人口の趨勢的減少です。人口減少が進みはじめた2010年

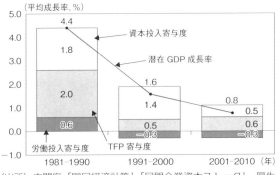

図1-4 日本の潜在成長率の推移

(出所) 内閣府「国民経済計算」「民間企業資本ストック」、厚生労働省「毎月勤労統計」、総務省「労働力調査」、経済産業省「鉱工業指数」「第3次産業活動指数」等により内閣府が試算

代以降は、潜在成長率はゼロからマイナスへと向かっていくことが想定されます。

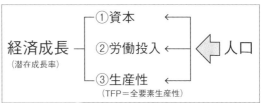
図1-5

潜在成長率とは、近代経済学で使われる経済用語です。生産活動のための3つの要素——①資本、②労働、③生産技術——が完全に利用されたときに達成される仮定上の経済成長率のことです。3つの生産要素のそれぞれの増加率の合計が潜在成長率ということになります。

潜在成長率は、①生産活動に必要な工場や機械設備などの「資本」、②労働力人口と労働時間の積で表される「労働投入」、③これらの生産要素を産出に変える「生産性」（TFP＝全要素生産性＝技術革新や技術の活用法の進歩、労働や資本の質向上など）の三要因の総和から推計されます。このうち、②労働投入は、労働力人口と労働時間の積で計算されます。労働力人口の減少は、②労働投入の減少をもたらすことはいうまでもありませんが、ただそれだけではありません。人口の減少は、①資本にとっても、影響をもたらします。相対的に高齢者が増大し、若い人たちが減少すれば、社会全体の貯蓄率が減少し、それが資本蓄積の低迷をもたらすからです。また、人口の減少は、③生産性の発展にも影響することになります。人口の減少は、相対的に若い人たちが減少することであり、それは従来の慣習にこだわらずに新しいアイデア、斬新な発想による技術革新の活性化をもたらす契機が減ることでもあるからです。

　　　　　　※　　　※　　　※　　　※

これまでとりあげてきた10項目は、これから本格的に現れてくると思われる「人口減少の影響」の先駆け的な事例にすぎません。さらにさまざまな分野で、広く、深く、その影響が現われてくるでしょう。

《第Ⅰ部　現代日本の人口減少》

第2章

将来推計人口
── それは、現代社会の矛盾を
拡大して示す

　今年（2017年）の4月10日に、国立社会保障・人口問題研究所（以下、「社人研」と略）が、新しい将来推計人口を発表しました。各新聞は、いずれも一面トップで「50年後の2065年の人口、8,808万人。高齢者は38％に」などと報道しました。

　将来推計人口は、同研究所が5年ごとに実施される国勢調査のデータをもとに、やはり5年ごとに50年後の日本の総人口（日本に常住する外国人も含む）や人口構造の姿を推計しているものです。すでに「はじめに」で述べたように、2015年の日本の総人口は1億2,709万人でしたから、50年後に8,808万人ということは、3,901万人も人口が減少し、現在の3分の2近くにまで縮小することを意味します。

　第2章では、いったい日本の人口は、この推計通りに本当に減少していくのか？　そもそも、こうした将来人口の予想は、どのような方法でおこなわれるのか？　また、もし実際に急激な人口減少が起こるとしたら、それは日本の過去の人口変動の歴史とのかかわりでは、どのような意味をもつのか？　などについて検討してみましょう。

(1) 人口推計は、現代の人口現象の未来への「投影」である

　なによりもまず「将来推計人口」は、天気予報のような自然現象の予測とは根本的に意味が違うということです。国連などでは人口推計のことを「人口投影」(Population projection) と呼んでおり、それは「人口動態事象（出生、死亡、移動）の現在までの趨勢を前提として、それが帰結する人口の姿を提示することを役割としている」ものです。

　そもそも「投影」(projection) とはどういうことでしょうか。だれでも子どものころに、小指と人差し指を立てて狐の形をつくって障子や白壁に影絵を大きく映して遊んだ経験をお持ちでしょう。「投影」とは、こうした影絵と同じ原理です。それは、「手元にある小さな物体に光を当て、前方のスクリーンに拡大投影して細部を明らかにする」ことです。

　つまり、「人口投影」という意味は、「直近の人口動態に隠された兆候を、将来というスクリーンに拡大投影して詳細に観察するための作業」なのです。したがって、「日本の将来推計人口は、現在わが国が向かっている方向にそのまま進行した場合に実現するであろう人口の姿」をそのまま表わしているといえます。

　ということは、「人口投影」には、「今後生ずる可能性のある経済変動や政治的転換、自然災害などこれまでの趨勢に含まれない事象は反映されていない」のです。つまり、最近の「少子化」や長寿化の傾向が50年間（100年間）そのまま続くと仮定して、それらの数値を将来へそのまま「投影」したら50年後（100年後）

図 2-1
「人口推計」は「人口投影」である

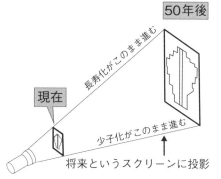

の日本の人口はどうなるか、「将来というスクリーンに拡大投影して詳細に観察するための作業」なのです（注）。

> （注）以上の引用と説明は「日本の将来推計人口─平成24年1月の解説」（『人口問題研究資料・第327号』（2014年1月）による。

　厚生省の（旧）人口問題研究所所長や国連人口委員会日本政府代表などを務めた人口学者の黒田俊夫氏も、日本で使われている「将来人口推計」の意味について、次のように解説しています。

　　「このような将来人口を測定することを将来人口推計という。人口推計には、このような将来人口のみでなく、人口調査以前の人口や人口調査後の人口を推計する場合がある。日本語では、いずれの場合も人口推計といっているが、英語では、後者の場合を population estimate とよび、将来人口の推計（projection または project）とは区別している。日本語でも将来人口推計を人口投影として区別することもあるが、一般にはすべて人口推計とよんでいる。（後略）」（平凡社『世界大百科事典』）。

　このように国際的には、population estimate（人口推計）と population projection（人口投影）とは区別しており、日本の場合に一般に引証される50年後、100年後の「将来人口推計」は、すべて「人口投影」＝population projection のことなのです。

(2) 人口の急減は、現代日本の政治・経済・社会の歪みの「拡大投影」である

　政府や財界は、「将来人口推計」の結果を前提として、「だから年金や医療の削減もやむをえない」とか、「だから消費税の増税が必要だ」などと宣伝しています。しかし、その「推計結果」の意味は、よく吟味してみることが必要です。

　実際に「将来人口推計」をおこなった社人研の説明文書（「将来人口推計とは」）を見ると、次のように説明されています。

第 2 章　将来推計人口

「社会科学の『予測』の主な目的は、将来実現する状況を言い当てることよりも、現在の状況と趨勢が続いた場合に帰結する状況を示して（投影）、我々が現在行うべき行動についての指針を提供することにある」。「『人口投影（population projection）』とは、出生・死亡・移動などについて、一定の仮定を設定し、将来の人口がどのようになるかを計算したものである」。「将来人口推計では、客観性・中立性を確保するため、出生・死亡・移動などの仮定値の設定は、過去から現在に至る傾向・趨勢を将来に投影し設定する」。「将来人口推計は、少子化等の人口動向について、観測された人口学的データの過去から現在に至る傾向・趨勢を将来に投影し、その帰結としての人口がどのようになるかを科学的に推計するものであり、未来を当てるための予言・予測を第一目的とするものではない」（社人研のホームページより）

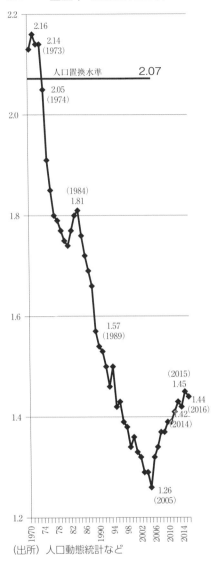

図 2-2　出生率（合計特殊出生率）

（出所）人口動態統計など

つまり、2065 年（50 年後）に日本人口が 8,808 万人に減少するという「推計」は、現在の日本社会の人口学的な指標——それ自体は、現在の日本の経済、社会、政治の歪みを客観的に反映した指標——を、忠実に

第Ⅰ部　現代日本の人口減少

拡大して「投影」（projection）したものだということです。とりわけ
1970年代以降の出生率の低下——人口置換水準を下回る「少子化」状
態が永年にわたって継続してきた結果を表わしているということです
（前ページ図2-2。「人口置換水準」という用語の意味は、第11章で説明します）。

　言い換えるならば、これから日本の人口が50年後に3分の2に、100
年後には3分の1近くに縮小するという「推計」は、戦後日本の自民党
政治の「悪しき遺産」としての「少子化」傾向の結果を、そのまま将来
に拡大投影したものなのです。これから予想される日本の人口の急減は、
現代日本の政治・経済・社会の歪みをそのまま鏡に映し出したようなも
のだということです。

(3) 日本の人口の歴史的推移 —— 過去・現在・将来

　ここで、21世紀の今後の急激な人口減少の推計を、過去の日本人口
の歴史的な変動とのかかわりで見ておきましょう。社人研の将来推計人
口の通りになるとすれば、これから50年後、100年後の日本の人口減
少は、日本の歴史上、かつて経験したことがない異常な人口変動になる
ことが、あらためて明らかになります。

　日本の総人口は、縄文時代（前期）には、せいぜい10万人程度、弥
生時代でも60万人程度だったと推定されています。しかし、奈良時代、
平安時代に入ると、400万人〜700万人程度にまで増大していました。

　中世に入り、戦国時代をへて関ヶ原の戦いの慶長年間には1,200万人
程度に達しています。さらに江戸時代に入ると、幕藩体制のもとで新田
開発や食糧生産が増大するとともに、人口は着実に増加して徳川八代将
軍吉宗の享保改革のころには3,000万人を超えています。

　明治維新期をむかえた1868年（明治元年）には、人口は3,402万人を
記録していました。その後、資本主義の発展とともに日本でも「人口転
換」（43ｼ゚注）を経験して1945年には7,214.7万人へと、幕末からみると、

40

図2-3 日本の人口の歴史的推移

		(万人)
	縄文時代（前期）	10.6
BC5～AD3	弥生時代	59.5
725	奈良時代	451.2
1150	平安時代	683.7
1600	慶長5年	1,227.3
1721	享保6年	3,127.9
1868	明治元年	3,402.4
1900	明治33年	4,384.7
1925	大正元年	5,973.7
1945	昭和20年	7,214.7
1950	昭和25年	8,320.0
1960	昭和35年	9,341.9
1970	昭和45年	10,466.5
1980	昭和55年	11,706.0
1990	平成2年	12,361.1
2010	平成22年	12,805.7
2015	平成27年	12,709.5
2065	2017年推計	8,807.6
2115	(中位)	5,055.5
2115	(低位)	3,786.7

(出所) 国立社会保障・人口問題研究所『人口統計資料集』(2017年版)

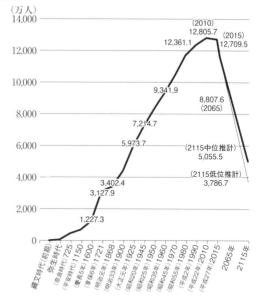

ほぼ倍化しています。

　第二次大戦後は、急速な経済成長とともに人口は増加し、1970年にはついに1億人を突破して、2010年にピークである1億2,805.7万人となりました。しかし、そこからは反転して、社人研の「将来人口推計」の描いてみせたような、かなり急速な人口減少時代に突入していくことになります。

　欧米諸国では、「多産少死」から「少産少死」への「人口転換」は、18世紀後半から20世紀へかけて、歴史的に長期間にわたる人口変動の経過をへて実現しました。ところが、日本の場合は、第二次大戦後のきわめてわずかな期間で「人口転換」を経験しました。「多産少死」から「少産少死」への転換が10年間ぐらいのうちに進んだので、欧米の研究者からは「統計上のミスがあるのではないか、との疑念の声があがったほど」(黒田俊夫・日大人口研究所名誉所長) だといわれています。

第Ⅰ部　現代日本の人口減少

　日本の「人口転換」の歴史的経過については、人口学者の研究では、次のように整理されています。

　「日本の人口転換の歴史を大まかに時代区分すると、多産多死の時代（−1870年）、多産少死の時代（1870年−1960年）、少産少死の時代（1960年−現在）の3つに分けられる」。「1870年（明治時代初期）頃までは出生率も死亡率も相当に高い『多産多死』の状態であった。その後、まず死亡率の低下が始まった。他方、出生率のほうは、明治初年から大正期まではやや上昇傾向にあったと推定されているが、その後は緩やかに低下してきた。この期間が『多産少死』の時代である。そして、第二次大戦と敗戦によって日本の人口趨勢に混乱がみられた。すなわち、戦時中は兵員・民間人を含めた195万人の人命が失われた反面、戦後は復員ならびに植民地・占領地からの引き揚げによって合わせて470万人（1945年−1946年）の社会的人口増加が起こった。また、戦後の1947年−1949年になると、『ベビーブーム（baby boom：赤ちゃん好況）』（第1次ベビーブーム）が起こり、年間出生数は270万人を超え、合計特殊出生率は4.4前後を記録した。ところが、1949年を境にして、出生率は一挙に低下し、特に1949年−1957年には『ベビーバスト（baby bust：赤ちゃん不況）』と呼ばれるほどの急激な減少をみせた。また、この時期、死亡率も大きく低下した。日本は、この時期に『人口転換』を達成したといえる。現在は死亡率・出生率ともに低水準に落ち着き「少産少死」の時代となっている。終戦前後の混乱期を除くと、日本の出生率と死亡率の動きは西欧諸国が近代化の過程でみせたいわゆる『人口転換』の型と同じ型を描いているが、人口転換のスピードが速かったところに日本の特徴がある」（「日本の人口転換」〔JICA＝国際協力事業団「第二次人口と開発援助研究報告書」第2章所収、2003年1月〕）。

　日本の「人口転換」の時期は、さまざまな困難と試練を乗り越えて戦後日本の復興が成し遂げられ、いわゆる「高度経済成長」が20年余も

第 2 章　将来推計人口

継続した時代でした。「人口転換」による労働力人口の急増が戦後日本の経済成長の最大の要因のひとつであったのです。

　このように、過去の日本の「人口転換」がきわめて短期間に急激なものであっただけに、「将来推計人口」で示される急激な人口減少は、いっそう特異な人口変動現象であるように見えます。

　　　(注)　「人口転換」とは、社会の近代化（資本主義化）とともに、多産多死から多
　　　　　産少死をへて少産少死へと人口が変動すること。詳細は、第 11 章（165㌻）
　　　　　を参照してください。

(4)　将来人口の推計方法

　次に、将来人口の推計方法についても、簡単に説明しておきましょう。人口推計の本質は、「現在から将来へむけての投影である」ということに加えて、その推計方法は、異なった 9 系列からなり、「推計結果には、かなりの幅がある」ということを確認しておくためです。

1.　3 つの異なった推計系列
　（①基本推計、②長期参考推計、③条件付推計）

　社人研の発表した最新の「日本の将来推計人口（平成 29 年推計）」は、（①基本推計、②長期参考推計、③条件付推計）の 3 種の推計系列を含んでいます。このうち、一般に「将来推計人口」といわれているものは、50年後の 2065 年までの将来人口を推計した①の「基本推計」です。マスメディアでとりあげられているのも「基本推計」だけです。②長期参考推計と③条件付推計は、人口学的に算定された厳密な条件にもとづく推計ではなく、あくまでも参考のためになされているものです。

2.　「基本推計」は、高位、中位、低位の 3 つの仮定の組み合わせで、
　　9 系列の推計結果

　社人研の発表した「日本の将来推計人口（平成 29 年推計）」によると、「将

43

来推計人口とは何か」という基本的な問いかけにたいし、次のように説明しています。

「日本の将来推計人口とは、全国の将来の出生、死亡、ならびに国際人口移動について仮定を設け、これらに基づいてわが国の将来の人口規模、ならびに年齢構成等の人口構造の推移について推計を行ったものである。将来の出生、死亡等の推移は不確実であることから、本推計では複数の仮定に基づく複数の推計を行い、これらにより将来の人口推移について一定幅の見通しを与えるものとしている」。

将来人口の推計方法については、次のように説明されています。

「推計の方法は、国際的に標準とされる人口学的手法に基づき、人口変動要因である出生、死亡、国際人口移動について、それぞれの要因に関する統計指標の実績に基づき、その動向を数理モデルにより将来に投影する形で男女年齢別に仮定を設け、コーホート要因法により将来の男女別年齢別人口を推計した」。

人口変動要因である①出生、②死亡、③国際人口移動という３つの要因のうち、①出生、②死亡、については、それぞれ①高位、②中位、③低位の３つの仮定が設定され、それらの組み合わせ（③×③）によって、合計９系列の推計結果が発表されています。

これらの９系列の推計値のうち、一般に使われているのは、①出生、②死亡の要因とも、中位の仮定をした場合の推計結果です。たとえば、50年後の総人口が8,808万人という場合も、出生、死亡とも、中位の仮定の結果です。

ちなみに、もっとも厳しい仮定の組み合わせの場合は8,046万人、もっとも甘い仮定の組み合わせの場合は9,657万人となっています。つまり、8,046万人─8,808万人─9,657万人というように、上下では1,611万人もの幅があるわけです。

3. 出生率の中位仮定は、1.44（2065年以降の長期仮定値）を前提としている

　「将来推計人口」は、最近の日本の出生率の急激な低下をそのまま50年後にまで「拡大投影」したものです。この「投影」の前提となっている出生率の中位仮定は、途中で若干の上下に変動しながら2065年以後は1.44へ収斂するものとなっています。この長期の中位仮定値そのものは、決して恣意的なものとはいえません。現在までの趨勢をもとに、人口学的な緻密な理論と統計的推論を重ねて、割り出された仮定値であり、その意味では蓋然性のある「客観的な数値」だといってもよいでしょう。

　しかし、その出生率中位仮定値＝1.44前後の数値が長期わたり続くという仮定は、若い人の低賃金、不安定雇用、保育条件の悪化、教育費の負担高騰など、まさに経済、社会、政治の条件の悪化のもとでの「出生率」の趨勢を前提にしています。逆に言えば、社会的条件が変化して出生率などの数値が上昇すれば、50年後の「人口投影」は大きく変動する可能性があるわけです。

　ちなみに出生率とともに前提となっている平均寿命は、現在よりもさらに伸びて、女性は90歳を超え、男性も84歳を超えると推定されています。こうした長寿化の進行は、社会の高齢化率を高めることになりますが、人口減少にとってはそれを緩やかにする意味をもっています。

4. 100年後の2115年までの長期参考推計では、総人口はさらに大幅に減少するが、3,000万人前後の幅がある

　「将来推計人口」では、100年後の2115年までの長期参考推計もおこなっています。この参考推計は、2065年以後の2115年までの50年間は、出生率、生残率、国際人口移動などをすべて一定としての推計です。この長期推計によると、総人口は（出生高位・死亡低位）＝6,683万人〜（出生、死亡ともに中位）＝5,056万人〜（出生低位・死亡高位）＝3,787万人

というように、約3千万人前後も幅のある推計となっています。

2015年 (実績値) の1億2,710万人からくらべると、最も厳しい仮定 (出生低位) の3,787万人の場合は、100年後の人口は実に29.8％にまで縮小することになります。

(5)「条件付推計」の意味するもの
── 安倍内閣の「少子化」対策と人口推計

最後に、社人研の「将来人口推計」のなかに含まれている、いわゆる「条件付推計」についても簡単にふれておく必要があります。

「条件付推計」とは、「仮定値を機械的に変化させた際の将来人口の反応を分析するための定量的シミュレーション」だと説明されています。つまり、出生率などを、過去の実績値をもとにして人口学的な方法で客観的に算定するのではなく、機械的に1.5とか2.0とか3.0とかに変化させたときに人口変動がどうなるかを推計したものが「条件付推計」です。毎回、こうした「条件付推計」は実施されているのですが、今回は、特別の意味をもっていました。ここで、「特別の意味」ということについては、少し説明が必要です。

実は、NHKが2月1日にニュース番組で「近く発表される予定の『将来人口推計』の素案」について報道していたのですが、「近く発表予定」と予告されていたにもかかわらず、実際に厚生労働省 (社人研) が発表したのは、2カ月以上も後の4月10日でした。これまで国勢調査ごとに5年おきにおこなわれてきた過去の推計は、ほとんど1月中には発表されていたことからみると、異例の遅れです。

発表された文書を読みすすんで、「条件付推計」の説明のところまできたときに、素案から発表まで2カ月以上も遅れた背景が少しだけ垣間見えたような一文がありました。発表文書の総論の末尾に、さりげなく次のような「注記」の形でのコメントが挿入されていました。

> 「※　政府は『ニッポン一億総活躍プラン』（平成28年6月閣議決定）において、『希望出生率1.8』の実現を政策目標に掲げて関連支援の拡充等に取り組んでいる。条件付推計には、合計特殊出生率が1.8となる場合の推計も含まれており、結婚や出産についての障壁を除去し国民の希望が叶うよう取組を進めていくに当たって、この結果を参考にすることができる。具体的には、出生率の仮定値（平成77（2065）年）を1.8に設定した場合には、平成77（2065）年の総人口は1億45万人、老年人口割合（高齢化率）は33.7％と推計される」（発表文書、12ﾍﾟ）。

　これまで過去14回発表されてきた「将来人口推計」の文書のなかに、時の政府の人口政策の効果にかかわる「注記」が書き込まれていたことが、はたして一度でもあったのでしょうか。過去の「推計」では、推計結果の「客観性・中立性」を維持するために、時の政府の人口政策の目標や施策の効果などに言及することは、厳しく避けてきたはずではなかったのか。

　「将来人口推計」のなかに、時の政府の人口政策の目標——ここでは安倍内閣の「ニッポン一億総活躍プラン」の「希望出生率1.8」を実現するという政策目標——をかかげて、政府が「関連支援の拡充等に取り組んでいる」などと「注記」で述べるとするなら、「将来人口推計」全体の「客観性・中立性」が揺らいでくる恐れはないのか。

　「条件付推計」の意味付けとして、時の政権の人口政策に言及することが許されるとするならば、むしろ50年後の人口が8,808万人に減少するという「基本推計」がどのような過去の人口政策の失敗の結果なのか、という人口政策的な「注記」こそが必要になるのではないのか。

　こうした新たな疑問が湧いてくる「条件付推計」に付けられた「注記」と言わざるをえません。

《第 I 部　現代日本の人口減少》

第3章

日本の人口減少の特徴
──「人口の減少モメンタム」が長く続く

　日本では、外国人を含む総人口が連続的に減少し始めたのは 2011 年からですが、日本人だけの連続的な自然減がはじまったのは、2007 年からです。日本の出生率は、40 年以上も人口置換水準（第 11 章参照）の 2.07 を下回っていたにもかかわらず、直ちに人口減少にならなかったのは、なぜでしょうか。

　出生率と年々の人口動態（人口増減）との間には、一定のタイムラグ──「人口モメンタム」という特性があるからです。

　第 3 章では、人口変動のメカニズムを考えるさいに必要な人口学上の概念──「人口モメンタム」を中心にして日本の人口減少の特徴について説明します。

(1)「人口モメンタム」とはなにか

　モメンタム（momentum）とは、「勢い」とか「はずみ」という意味です。「人口モメンタム」とは、人口変動の独特の慣性、勢いのことです。

48

出生率が人口置換水準になり、それを越えても、人口構造に「増加モメンタム」があれば、そのモメンタムが続いている期間は人口増加が続き、「減少モメンタム」があればその期間は人口減少が続きます。こうした「人口モメンタム」は、人口構造や人口の年齢構成の特質が原因となっています。

たとえば「増加モメンタム」の場合について言えば、人口が長期に人口置換水準を上回る出生率が続くと、若い世代ほど人口が多くなり、しばらくの間は、親となって子どもを生む人口（再生産年齢人口）が増え続けます。そのために、仮に女性一人が生む子どもの数が減って出生率が低下して人口置換水準以下になっても、その時点での子どもを生む女性の総数はまだ増え続けているので、社会全体として生まれてくる子どもの総数も増えるので人口増加が続くことになります。

これとまったく逆に、「減少モメンタム」の場合について言えば、人口が長期に人口置換水準を下回る出生率が続くと、若い世代ほど人口が少なくなり、しばらくの間は、親となって子どもを生む人口（再生産年齢人口）が減り続けます。そのために、仮にある時点から女性一人が生む子どもの数が増えて出生率が上昇して人口置換水準になってからも、その時点での子どもを生む女性の総数はまだ減り続けているので、社会全体として生まれてくる子どもの総数はまだ増えずに、人口は減り続けることになります。

図3-1　出生率と人口変動のタイムラグ（人口モメンタム）の概念図

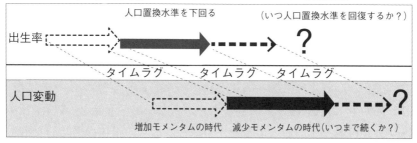

第Ⅰ部　現代日本の人口減少

　このように、出生数は、出生率（合計特殊出生率）だけでなく、「女性人口」と「女性人口の年齢構成の違い」によっても影響を受けます。つまり、それぞれの世代の平均的な出生率が人口を置き換える水準の上下に変動しても、人口構造には、過去の高い（低い）時期の出生率をタイムラグ（時間的ずれ）をともなって反映する特徴があるために、すぐには人口変動（減少や増加）が生じないということです（「出生率と出生数の関係」の計算式については、後述の第11章でもう少し詳しく説明します）。

　人口問題の複雑さは、こうしたタイムラグの存在です。現在の社会で起こっていることが、20年先、30年先になって社会的にタイムラグをともなって表面化してくるという独特の特徴があるために、なかなか対応が難しいのです。

(2) 日本では、これまでは「増加モメンタムの時代」が続いてきた

　人口モメンタムには、「増加モメンタム」と「減少モメンタム」という二つの相反する方向があると述べましたが、戦後日本の人口変動では、この二つの相反するモメンタムが、たいへんくっきりと表われました。

　1974年以前の日本の合計特殊出生率をみると、敗戦直後の1940年代後半は4.00以上でした。1950年代末から60年代前半にかけて2.00前後に低下しましたが、60年代後半からはふたたび人口置換水準を超える水準を続けていました。この時期の25年間を単純平均してみると、2.51になります。この時期に人口置換水準を超えていたために、1974年に人口置換水準を割り込む「少子化」がはじまってからも、これまで「人口の増加モメンタム」が30年以上も作用していたわけです。

　つまり、日本の場合で言えば、1974年より前の時代には、人口置換水準を超える出生率2.00〜4.00の時代が数十年も続いていました。1974年以前の時代に生まれた女性たちが新たな出産可能な人口（再生産年齢人口）に続々と加わってきたから、それぞれの世代の平均的な出生

率（子どもの生み方）がかなり急速に人口置換水準を下回りはじめてからも、まだ出生児総数（出生可能な女性総数×出生率）でいえば死亡者数を上回っていたために、人口増が続いてきたわけです。

(3) 長寿革命も、戦後日本の「増加モメンタムの時代」の要因だった

第二次大戦後の日本で「人口増加モメンタムの時代」が長く続いたのは、出生率という要因だけではありませんでした。とりわけ「増加モメンタムの時代」の前半期、1950年代～60年代に大きな役割を果たしたのは、急激な長寿革命（平均寿命の伸長）の進行によって、死亡率の低下、すなわち死亡者数が減少したことです。

日本の平均寿命の推移をみると、第一次大戦後の1921～25年（大正10年～15年）には、男子42.06年、女子43.20年にすぎませんでした。第二次大戦後の1947年（昭和22年）でも、男女ともようやく50年を超えるという水準でした。人生50年が普通のことだったのです。

しかし、このころから世界的なレベルと比べて見ても驚くべき勢いで平均寿命の伸長がはじまります。図(3-2)で分かるように、1960年には、女子は70年に達し、男子も女子に約10年ほど遅れて、70年を超えます。その後も、平均寿命は伸び続け、最新の2015年の「簡易生命表」では、平均寿命は男子＝80.79年、女子＝87.05年となり、過去最高を更新し、男女ともに「人生80年」時代を迎えました。

まさに「長寿革命」とでもい

図3-2　長寿革命（平均寿命の延び）

	男（年）	女（年）
1921～25年	42.06	43.20
1935～36	46.92	49.63
1947	50.06	53.96
1950～52	59.57	62.97
1960	65.32	70.19
1970	69.31	74.66
1980	73.35	78.76
1990	75.92	81.90
2000	77.72	84.60
2010	79.55	86.30
2015	80.79	87.05

（出所）国立社会保障・人口問題研究所
『人口統計資料集』（2017年版）

うべき戦後日本の平均寿命の伸長は、死亡率の目覚ましい低下、死亡者数の減少をともなっていました。1947年の死亡者数は113.8万人でしたが、1950年には、90.5万人、1966年には67.0万人へと、ほぼ半減しています。

長寿革命は、なにによってもたらされたのでしょうか。長寿革命の前半期、1960年代ころまでは、乳幼児死亡率や青年層の死亡率低下が寿命の伸長に大きく貢献しました。日本のめざましい死亡率低下は、医療技術、医療供給体制、医療保険制度の充実、母子保健、公衆衛生、健康予防体制、労働者保護法制の確立などを条件としてもたらされたものでした。また、経済成長にともなう生活水準の上昇や栄養状態の向上が背景にあったことはまちがいありません。

さらに、1970年代以降になると、寿命の伸びの大部分は中高年の死亡率改善によってもたらされるようになってきました。平均寿命の伸長を死因構造変化の観点からみると、従来、死亡原因の上位を占めていた感染性疾患による死亡率が低下し、悪性新生物（がん）、心疾患、脳血管疾患などの成人病が死亡原因の上位を占めるようになってきています。

(4)「減少モメンタムの時代」への転換がはじまった

これまで見てきたように、日本では長い間、増加モメンタムの時代が続いていました。1974年から人口置換水準を下回る出生率がつづいていたのに2010年の国勢調査までは人口増（自然増）が続いていたのは、まさに増加モメンタムの作用のためでした。しかし、この増加モメンタムの時代は終わってしまいました。

日本はすでに「人口の減少モメンタムの時代」に入っており、そのトンネルを通り抜けない限り人口減少を止めることはできません。「減少モメンタム」の時期に入ってきたために、これから出生率が人口置換水

準を上回った場合でも、減少モメンタムを反転させるには数十年が必要になります。

この「減少モメンタム」の作用は、過去数十年にわたる低出生率による「少子化の実績」を前提としているために、単なる「推計」ではありません。取り返しのきかない過去の人口動態にもとづく、きわめて蓋然性のある客観的な見通しです。いわば20世紀後半から今日まで、戦後70年の間に、歴代自民党政権と財界支配の経済体制が続き、そのもとで人口置換水準を大幅に下回って出生率が低下しはじめて以降も四十数年にわたって「少子化」傾向を止めることができなかったために、いわばその「悪しき遺産」としての「人口減少モメンタムの時代」が21世紀のこれからも、しばらくは続かざるをえないということです。

日本の総人口（外国人含む）が連続的に減少しはじめたのは2011年からですが、日本人人口の自然減（出生児数－死亡者数）は、すでに趨勢的には2005年からはじまっていました（2006年は一時的に増加）。その原因をさかのぼると、日本の「人口増加モメンタム」期の最中にあった1970年代後半に行きつきます。日本の出生率は1974年に人口置換水準を割り込み、それ以降、2.07以下の水準を今日まで続けてきています。日本の人口が「減少モメンタム」の時期に入る起源は、1970年代にあったといわなければなりません。

これから先、出生率が人口置換水準を割り込む水準を続けていけばいくほど、一定のタイムラグをともなって「人口減少モメンタム」がさらに長期的に続いていくことになります。

（5）総人口の減少とともに、人口構造の高齢化が進む

これからの日本の将来人口推計を考えるさいには、総人口の縮小とともに、人口構造が大きく変化していくことを忘れてはなりません。

出生数（日本人）は、1973年の209万人から2015年の101万人（2016

第Ⅰ部 現代日本の人口減少

年は 97.7 万人）まで減少してきました。その結果、年少人口（0〜14 歳）も 1980 年代初めの 2,700 万人規模から 2015 年国勢調査の 1,595 万人まで減少しました。出生率中位推計の結果によると、年少人口は 2021 年に 1,400 万人台へと減少し、その後も減少が続き、2056 年には 1,000 万人を割り、2065 年には 898 万人（2015 年の 56%、1980 年代初めの 33% の規模）にまで減少するものと推計されます。

生産年齢人口（15〜64 歳）は戦後一貫して増加を続け、1995 年の国勢調査では 8,726 万人に達しましたが、その後減少局面に入り、2015 年には 7,728 万人となっています。将来の生産年齢人口は、出生率中位推計の結果によれば、2029 年、2040 年、2056 年には、それぞれ 7,000 万人、6,000 万人、5,000 万人を割り込み、2065 年には 4,529 万人にまで縮小します。ピークの時期とくらべると、4,197 万人も減少するわけです。

高齢人口（65 歳〜）は、2015 年現在の 3,387 万人から、2020 年には 3,619 万人へと増加します。その後しばらくは緩やかな増加期となりますが、2030 年に 3,716 万人となった後、第二次ベビーブーム世代が高齢人口に入った後の 2042 年に 3,935 万人でピークを迎えます。その後は減少に転じ、2065 年には 3,381 万人となります。高齢人口割合を見ると、2015 年現在の 26.6% で 4 人に 1 人を上回る状態から、出生率中位推計では、2036 年に 33.3% で 3 人に 1 人となり、50 年後の 2065 年には 38.4%、すなわち 2.6 人に 1 人が高齢人口となります。

高齢人口は、絶対数では 2042 年をピークにその後は減少に転じますが、それにもかかわらず、これから 50 年間一貫して人口構造の高齢化（構成比では約 12 ポイント上昇）が進むのは、出生率低下によって高齢者以外の人口減少が続いていくからです。生産年齢人口は、絶対数が 2015 年の 7,728 万人から、2065 年には 4,529 万人へ、構成比では 60.8% から 51.4% へと低下します。年少人口は、絶対数が 2015 年の 1,595 万人から、2065 年には 898 万人へ、構成比では 12.5% から 10.2% へと低下します。

このような人口構造の変化は、人口ピラミッドの形状の変化にくっき

54

りと表われてきます。現在（2015 年）の人間ピラミッドは、お腹の部分、中高年層が膨らんだ形（149㌻の図 11-1）になっていますが、これからは低出生率の継続を反映して、ますます裾の部分が狭まった不安定な「だるま型」に変わっていきます。

　50 年後の 2065 年には、いっそうピラミッドの重心が高くなって、いかにも安定性を欠いた逆三角形の形へ変化していきます。つまり、人口構造に占める高齢者の数が増大して、ますます高齢化社会、超高齢化社会になっていくわけです。具体的に言えば、死亡中位仮定のもとでなら、2015 年の高齢人口率は 26.6％だったものが、50 年後の 2065 年には、38.4％（出生中位仮定）へ変化します。

(6) 長期参考推計では、「少産多死」の「人口減少社会」が続く

　日本のこれからの人口減少について考えるときに、「減少モメンタム」の時期が長期化することに加えて、人口減少の規模も大きくなる懸念があります。それは、人口置換水準を割り込んだ低下幅が大きいからです。

　出生率が人口置換水準より低下しても、2.00 の水準が続く場合と、1.40 の水準が続く場合では、同じ「減少モメンタム」といっても、人口減少の規模への影響では大きな相違があります。1974 年から

図 3-3　日本の将来推計人口 （2017 年推計）

●出生率（中位仮定）
　［長期の合計特殊出生率］＝ 1.44
●死亡率（中位仮定）
　長期の平均寿命（男＝ 84.95 年. 女＝ 91.35 年）

	年	実数	構成比
総人口	2015	12,709 万人	
	2040	11,092 万人	
	2060	9,284 万人	
	2065	8,808 万人	
（長期参考推計）	2115	5,056 万人	（％）
年少人口 （0 ～ 14 歳）	2015	1,595 万人	12.5
	2040	1,194 万人	10.8
	2060	951 万人	10.2
	2065	898 万人	10.2
（長期参考推計）	2115	520 万人	10.3
生産年齢人口 （15 ～ 64 歳）	2015	7,728 万人	60.8
	2040	5,978 万人	53.9
	2060	4,793 万人	51.6
	2065	4,529 万人	51.4
（長期参考推計）	2115	2,592 万人	51.3
高齢人口 （65 歳以上）	2015	3,387 万人	26.6
	2040	3,921 万人	35.3
	2060	3,540 万人	38.1
	2065	3,381 万人	38.4
（長期参考推計）	2115	1,943 万人	38.4

2015 年まで 42 年間の合計特殊出生率を単純平均すると、1.54 です。これは、いわゆる 1.57 ショック（丙午〔ひのえうま〕という特殊要因により過去最低になった 1966 年の出生率〔1.58〕を下回ったことが判明したときの衝撃）の時よりもさらに低い水準です。いわば 1.57 ショックが 40 年以上も続いているといってもよいでしょう。

社人研の「長期参考推計」の場合は、2065 年〜 2115 年までは、出生率は 1.44 水準に収れんし、そうした出生率低位が長く続くという仮定になっています。「少産多死」の人口変動によって、人口構成は一定の比率を保ちながら、人口減少が長期にわたって続くという推計になっています。

(7) 人口減少と国民意識、経済学の課題

人口問題の特徴は、国民の暮らしの実感から言えば、一言でいえば「遠い問題、だが近い問題」ということです。「遠い、だが近い」とはどういうことなのか。

人口問題といえば、私たちの日常的な生活とは縁遠い問題のようにみえます。実際に、日本全体の人口が 1 億人であろうが、9 千万人であろうが、私たちの暮らしには直接には何の関係もありません。また 50 年先の人口がどうなろうと、まだまだ先の話だから、いま大騒ぎしても仕方がないじゃないか、それに 50 年後に人口がそんなに減るなんて、なんの根拠があるのか。──こう考えるのが普通でしょう。

しかし、実は、社会生活のさまざまな分野で人口問題の影響が現われている、たいへん身近な問題でもあるのです。人口問題は、個々の人々の「家族」のあり方の問題だからです。私たちは、家族の問題を考えるということをつうじて、それとは意識しないまま、日常的に人口問題にかかわっているのです。

人口問題には、社会全体の長期的な展望を考えるときには、必ず必要

になるが、短期的にはなかなかその変化の影響がとらえにくいという特徴もあります。

　長期的な視野が求められるという意味では、人口問題は地球環境問題と似たところがあります。今日、明日という目先のことではなく、1世紀後の地球を考えると、じっとしていられないような危機的な環境破壊が進行していることに気がつきます。

　たとえば日本は2006年頃から継続的な人口減少時代に入ってきていますが、現在はまだ減少数は年に20万〜30万人ですから、人口の全体の規模からすれば0.2〜0.3%程度です。ですから短期的な視点でいえば、まだ影響はそれほど大きいとは感じられません。しかし、人口減少の速度、変化率は今後急速に高まっていくので、30年〜40年という長期的な視野で考えると、さまざまな影響がいろいろな分野に急速に現われて来る可能性があります。長期的な視点にたつと人口減少の速度、変化率の研究、人口の将来推計がきわめて重要な意味をもつことになります。

　資本主義社会のもとでは、人口問題は、経済変動と密接に関連しています。第1章でとりあげた「潜在成長率」の問題です。資本主義的生産は、安定した労働力人口の供給を不可欠の条件とした商品生産を前提に成り立っているからです。

　世界史的に資本主義の発達史を振り返ってみると、資本主義の経済成長とバランスよく人口が変動しているときには、労働力人口の供給も安定しているために、人口問題はあまり研究の対象としては意識されませんでした。しかし、①経済変動にくらべて急激に人口増大が起こったり、逆に②経済変動にくらべて急激に人口減少が起こったりするときには、社会経済的な問題として人口問題が取り上げられ、国家的課題として人口政策が大きくクローズアップされてきます。その意味では、21世紀の日本は、人口変動や人口政策の問題が経済学の中心的課題の一つとして、あらためて浮上してきていると言えるでしょう。

《第Ⅰ部　現代日本の人口減少》

第4章

「人口静止」の水準自体が、急速に下がり続けている

　序章のなかで、人口問題についての国民の意識のなかには、「1億人を死守」などと言う安倍内閣の政策には67%の人が否定的だが、将来の人口規模として「適切なのは1億人以上」とも回答している。これは、現在日本の総人口は1億2千万人程度で多すぎるので、1億人程度に減少したら静止してほしいと国民は願っているのではないか、と筆者の解釈を述べておきました。

　では、こうした国民の「願望」はかなえられるのでしょうか。

　第4章では、「人口減少社会」のもとで、「1億人規模で人口静止状態」にするという課題について、もう少し掘り下げて考えておきましょう。

(1) 人口の「減少モメンタム」は、将来の「人口静止水準」を引き下げる

　まず明らかにしておくべきことは、日本の「人口減少モメンタム」は、今後かなり長期にわたって人口減少が続くということだけでなく、将来の「人口静止水準」そのものを引き下げていくということです。

「人口静止社会」とは、国際的移動の影響を外して考えると、出生者数と死亡者数が同数となり、人口増減において「静止」状態になることです。この「人口静止社会」は、出生率が人口置換水準になったからといって、直ちに実現するわけではありません。人口の「減少モメンタム」がなくなった時、その時点の人口水準で静止するのです。

　実際に現在の日本の人口動態についてみるならば、現在 1.4 前後の出生率が仮に今ただちに急上昇して 2.07 の人口置換水準に回復して、それ以後ずっと 2.07 水準を続けたとしても、これから数十年の間は「減少モメンタム」の時代が続くために、その間は人口減少が続いて、数十年後にやっとその減少した水準で「静止」状態に入ります。

　この点について、社人研の「将来人口推計」（2010 推計の解説）では、次のように述べています。

　　「極端な例として 2010 年以降、出生率が人口置換水準に復帰して、以降その水準を保ったとしても、2070 年頃までは人口減少が続き、当初人口（1 億 2,806 万人—引用者注）の約 82％（1 億 0494 万人—同）に縮小してようやく安定化することがわかる」（同推計の解説、12ページ）。

　ですから、1 億 2 千万人の人口は多すぎるから、1 億人になるまでは人口減少と出生率の低下を容認して、将来人口が 1 億人ぐらいになったときに、出生率を人口置換水準に高めればよいと考えても、そこですぐに「人口静止水準」にとどめることはできないのです。いまから 1 億人になるまでの期間に人口置換水準以下の出生率が続いていたとすれば、「人口減少モメンタム」はその時点（人口 1 億人に減少した時点）からさらに長い期間続き、数十年後に人口が 1 億人よりさらに大幅に減少した水準で、ようやく「静止状態」に落ち着くということです。

(2) 現代日本の「少子化」傾向の長期化は、急速に「人口静止水準」を引き下げている

　「人口減少社会」とは、文字通り人口が年々減少していく社会のこと

第Ⅰ部　現代日本の人口減少

です。先に第3章で述べたように、一国の出生率が人口置換水準を下回る状態が続いて「減少モメンタム」の時期に入ると、人口は減少しはじめます。過去の出生率の水準が人口置換水準を下回る状態が長く続けば続くほど「減少モメンタム」の時期も長くなり、人口減少はなかなか止められなくなります。これは、まさに現在の日本が陥っている人口動態に示されています。

第2章で紹介した社人研の「将来人口推計」によると、2065年には日本の人口は8,808万人に減少すると推計されていますが、さらに、その趨勢が続くなら、「長期参考推計」として、2115年には中位推計でも5,056万人（最悪の仮定では、3,787万人）となり、現在の約3分の1近くにまで減少するとしています。これは、先に述べたとおり現在の歪んだ社会の人口要因をそのまま将来に「拡大投影」した「推計」です。日本が今陥っている「人口減少社会」は、まさにこうした人口現象、人口減少が急激に進行している社会です。

現在の日本の人口動態の現実は、「人口静止社会」か、「人口減少社会」か、という単純な選択の問題というよりも、もっとはるかに深刻な状態に陥っているということです。

「人口静止社会」をめざすためにも、現在の日本社会の「少子化」と「人口減少」の進行にストップをかける必要があります。それを放置するならば、人口が静止する安定状態はますます遠ざかり、その静止人口の水準も下がり続けていくことになるでしょう。

(3) 「人口のゼロ成長」と「経済のゼロ成長」とを
　　混同しない

「人口静止社会」について考えるときに、もう一つ大事なことは、「人口のゼロ成長」と「経済のゼロ成長」とは同じことではない、両者を混同してはならないということです。

財界・大企業は、"人口減少は労働力不足を招き、経済成長にとって

マイナスだ"、などとさかんに主張しています。しかし、国民的な立場から言えば、「人口がゼロ成長になり、経済がゼロ成長になっても、経済成長の質を変えれば、国民多数の暮らしを豊かにすることができる」とみるべきです。

　人口変動と経済変動を直結して論ずる財界・大企業の主張は、「人口のゼロ成長」と「経済のゼロ成長」とを意図的に同一視して、国民的な立場からの経済の民主的な改革から目をそらさせようというものです。"人口減少社会は、労働力不足をもたらすので、日本経済にとってマイナスだ、人口を増やさないと日本経済は破綻する"というのは、財界・大企業の手前勝手な論理です。むしろ、人口減少時代にこそ日本経済を根本的に改革する機会にするべきです。

　こうした財界・大企業の主張を批判するために、国民の立場から主張される「人口静止社会」論は、"経済の量的な成長ばかりめざすのでなく、日本の歪んだ経済社会の構造を変革して、経済成長の質を変えることこそ必要だ"と強調しています。これは、積極的な「人口静止社会」論だと言えるでしょう。

　しかし、"人口が「静止状態」でも、経済成長の質を変えればよいので、むしろ「人口静止社会」が望ましい、だから「少子化」対策などは必要ない"と結論づけるならば、それは日本の人口動態の現実には、必ずしも噛み合っていない理解だといわなければならないでしょう。「人口のゼロ成長」と「経済のゼロ成長」とを混同せずに、人口減少時代にこそ日本経済を根本的に改革するべきだと主張することは重要ですが、それとともに、「人口減少社会」そのものについては、それはそれとして、その人口論的な意味を正確にとらえることが必要です。なぜなら、前項（2）で述べたように、「人口減少社会」と「人口静止社会」とは基本的に異なっており、「人口静止社会」は、そう簡単に実現できるものではないからです。

　「人口減少社会」から「人口静止社会」へ移行するためには、「人口減

第Ⅰ部　現代日本の人口減少

少モメンタム」という長いトンネルを抜け出すための人口政策上の転換が求められます。「少子化」対策によって、出生率の低下にストップをかけなければなりません。「人口置換水準」を回復することが遅れれば遅れるほど、「人口減少モメンタム」の期間が長くなり、目標とする「人口静止社会」の実現は難しくなります。

(4) 人口減少をめぐる「根拠なき楽観主義」と 「過度の悲観主義」

　本書の序章でとりあげた「朝日」紙のアンケートに示された人口問題についての矛盾した回答 ―― 「1億人を死守」には否定的だが、「適切なのは1億人以上」―― こうした認識（願望）の背景には、現代日本の人口問題についての「根拠なき楽観主義」があると思われます。ここで、あえて「根拠なき楽観主義」というのは、人口問題の現実が正確に理解されていないと思われるからです。

　現代日本の人口問題をめぐる「根拠なき楽観主義」には、「人口減少時代」についての、次のような、二つの認識不足があるように思います。

　(1) 現代日本の人口減少のメカニズムがどのような性格をもっているのか、現代日本における人口現象の特徴についての正確な認識が不足していること。

　(2) すでに進行し始めた人口減少が日本社会にどのような影響を与えていくかについての正確な認識（社会科学的な解明）が不足していること。

　資本主義社会で起こる人口減少は、市場経済の競争法則のもとで進んでいきますから、それまでの社会システムのバランスを思わぬ形で崩していく危険をはらんでいます。人口減少が経済的な制度や機能の秩序を維持しながら、計画的に進んでいく保障はどこにもありません。たとえば一方では人口が減少して消滅の危険にさらされる地域が生まれるかとおもえば、他方では以前よりさらに人口過剰になる東京などの大都市が生まれることも起こります。

62

第4章　「人口静止」の水準自体が、急速に下がり続けている

　「根拠なき楽観主義」に陥らないこととともに、逆に、いたずらに人口減少の危機をあおりたてて、「過度の悲観主義」に落ち込まないようにすることも必要です。

　かつて19世紀のマルサス主義（注）が貧困の原因を労働者階級の過剰人口に帰したのにたいして、今日、人口減少について「過度の悲観主義」を煽り立てる論者は、これからの日本社会の諸矛盾の原因をすべて「人口減少」「少子高齢化」に帰して、そこから生まれる困難、矛盾をすべて国民に押しつけようとする危険があります。

　人口減少時代に危険なことは、人口減少への対応を逆向きにとらえて、社会経済の進歩をめざすのではなく、後退と退嬰の道をすすむことです。

　たとえば人口減少や「超高齢化社会」を口実にして、年金を削減したり、将来世代との負担の公平などを口実に消費税の大増税を強行したりするのは「逆マルサス主義」の誤りです。仮に人口が当面すぐには増えなくても、経済の仕組みを民主的に改革して、社会的な生産や富を発展させていくことは可能です。科学技術を発展させ、労働生産性の上昇によって社会的な生産や富を増やし、格差のない平等な分配・再分配をおこなっていけば、豊かな社会を築くことができます。しかし、そのためには、今までのようなあまりにも利潤最優先で歪んだ経済を変革し、弱肉強食の競争社会を人間らしい社会に変えていくことが必要です。

　（注）イギリスの古典派経済学者のトマス・マルサス（1766～1834）は、「人口の原理」（初版1799年）を発表し、食糧などの増産は、1. 2. 3. …というように算術級数的にしか進まないが、人口の増加は1. 2. 4. 8…というように幾何級数的に進む、という誤った法則をたてて、それが労働者階級の貧困の原因だと主張しました。いま日本で人口減少の将来推計の社会的影響を考えるときには、マルサスの時代とは逆に、少子化と人口減少にすべての社会的な矛盾の原因を求める「逆マルサス主義」ともいうべき誤りに陥らないようにすることが大事です。

《第Ⅰ部　現代日本の人口減少》

第5章

「少子化」を促進する「家族の困難」
── 人口問題の基礎範疇は「家族」である

　NHK の総合テレビで「鶴瓶の家族に乾杯」という人気番組があります。落語家の笑福亭鶴瓶さんがゲストとともに、「ステキ（素敵）な家族を求めて日本中を巡る "ぶっつけ本番" の旅番組」です。1995 年から始まり、もう 20 年も続いています。さまざまな家族に巡り合い、ただおしゃべりをするだけのなんの仕掛けもない企画ですが、人が生きていくうえで「家族」というものの大切さが伝わってくる番組です。人口問題も、基礎範疇は「家族」です。

　第 5 章では、「少子化」の進行と家族の暮らしの関係、とりわけ「少子化」が長期化している背景を「家族の困難」という視点から考えてみましょう。

(1)「貧乏人の子沢山」── 実は「貧乏家族の子沢山」

　「貧乏人の子沢山」とは、「貧乏な人は裕福な人よりもかえって子どもが多い」ということです。これは古今東西を通じるいわば経験則のよう

64

なこととして、一般に言われてきたことです。そこで、「貧乏人の子沢山」の経験則からすると、貧困は少子化の原因ではないと即断しがちです。しかし、こうした理解は、基本的に間違っています。

「貧乏人の子沢山」の経験則をよく吟味すると、より正確には「貧乏家族の子沢山」であることがわかります。男女の結びつきによる家族の形成を前提としたうえで、その「貧乏家族」が子どもをたくさん生み育てるということです。昔は、貧乏ではあるが、子どもを生み、育てることができる家族があった、言い換えれば、家族があったから、貧乏でも沢山の子どもを生み、育てることができたのです。いくら貧乏でも、家族が愛し合い、助け合って暮らすことができたから子沢山になったのです。どんなに貧乏であっても、子どもは家族の宝でした。家族の未来を担う希望でした。「貧窮問答歌」で有名な山上憶良の「銀（しろがね）も金（くがね）も玉も 何せむに まされる宝 子に如（し）かめやも」（万葉集）は、まさに、こうした気持ちを歌ったものだからこそ、万人の共感を呼ぶのです。

ところが、現代日本の「貧困」は、家族を形成し、家族を維持することすら困難にしている「貧困」です。「貧乏家族の子沢山」の基本的な条件すら欠いた「貧困」、「家族の貧困」です。

現在の日本社会で未婚率が上昇し、また離婚率が上昇している原因は、もちろん「貧困」だけが原因ではありません。しかし、若者が結婚したくてもできない大きな原因に「貧困」の問題があることは、各種の調査からも明らかです。

とりわけ「生めない現実」、「生まない選択」の背景に「女性の貧困」があることを重視することが必要です。後に第6章で述べるように、「女性の自立」と「労働と家庭からの排除」という一見するとパラドキシカル（逆説的）な関係のはざまで苦しんでいる女性が増えていることが「少子化」を促進している要因の一つになっています。

(2) 人口変動は、家族の形成、発展、消滅によって
   左右される

　「人口」は、個々の人（ヒト）の数を集計したものですから、人口を
構成する最小単位は、一人ひとりの人間です。人（ヒト）の生涯（出生
から死亡まで）が人口の基本的な構成要素であることは、いうまでもあ
りません。「人口学」の研究では、それらの人（ヒト）の属性、たとえ
ば「国籍」であるとか「地域」であるとか、「性」であるとか、「年齢」
であるとか、「職業」であるとか、さまざまな属性に即して、その「構造」、
「変動」、「移動」などを分析します。

　しかし、「人口変動」の要因は、孤立した人（ヒト）、最小単位の個々
バラバラの人間ではなく、「家族」であるというほうが正確です。孤立
した個々の人（ヒト）は、人口変動を起こすことはできないからです。
たしかに、人（ヒト）の「死亡」は、人間の一人ひとりにかかわること
です。しかし、人口変動の最大の要因である「出生」は、必ず男女2人
の生殖行為がなければ成り立ちません。一般的には、男女が結婚して家
族を形成することが前提になります。最近の西ヨーロッパ諸国のなかに
は必ずしも結婚した男女によるのでなく、いわゆる婚外子、非嫡出子が
増大しています。しかしその場合でも、なんらかの形での男女の結びつ
きがなければ子どもは生まれません。

　人口変動の分析にとっては、家族の形成、発展、消滅（結婚、出生、
離婚）は中心的な課題です。家族の形成、発展、消滅を引き起こす、さ
まざまな諸要因、たとえば経済的条件に限ってみても、「家族賃金」の
問題、「家計消費」の問題、税制や社会保障制度における「扶養家族」
の問題、「遺産相続」の問題などなどにおいて、「家族」単位の扱いがな
されてきました。

　レフ・トルストイは小説『アンナ・カレーニナ』の冒頭で「幸福な家
庭の顔はお互い似かよっているが、不幸な家庭の顔はどれもこれも違っ

第5章 「少子化」を促進する「家族の困難」

ている」と書いています。幸福な家庭と不幸な家庭の格差は、世代を継いで繰り返され、世代を超えて固定化されます。「家族の困難」をつくり出す社会の仕組みを変えていかなければ、家族形成の困難、家族維持の困難は続きます。そして、家族形成の困難は「少子化」という現象、人口減少の進行として、社会に跳ね返ってきます。

(3) 現代日本社会における「家族の困難」

　ここ数年、「貧困」現象が日本社会の各階層に広がっています。ワーキング・プア（働く人の貧困）、高齢者の貧困（下流老人）、女性の貧困（シングルマザーの貧困）、子どもの貧困、「一億総貧困時代」、「貧困クライシス（危機）」などなど、さまざまな貧困を表わす言葉が、マスメディアで飛び交っています。こうしたさまざまな貧困現象は、「家計の貧困」あるいは「貧困な家族」の広がりでもあります。

　政府の調査でさえ、「生活が苦しい」という世帯（家計）が6割を超えています。安倍内閣のもとで、いっそう暮らしにくくなったというのが国民の実感です。久しく忘れられていた「エンゲル係数」（家計に占める食費の割合）という言葉さえ、最近はまた復活してきました。2016年には4年連続で上昇し25.8％になりました。これは29年ぶりの高水準です。

　本章の冒頭にとりあげた「鶴瓶の家族に乾杯」は、どちらかと言えば、幸せな家族の話題が中心ですが、家族はまた、さまざまなトラブルにも見舞われます。

　山田洋次監督は、2016年の「家族はつらいよ」に続いて、2017年にも「家族はつらいよ2」を発表しました。熟年夫婦の離婚問題や高齢者の自動車運転など、最近の家族をめぐって起こる騒動をコメディタッチで描いた家族劇です。山田監督は、2013年にはもう少しシリアスな視点から「東京家族」という映画も発表しています。

第Ⅰ部　現代日本の人口減少

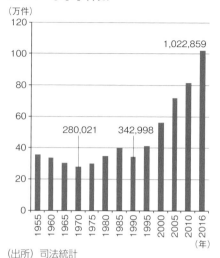

図5-1　家事事件数
（出所）司法統計

　2017年4月に公表された司法統計によると、2016年に全国の家庭裁判所が扱った「家事事件」は、102万2,859件（速報値）でした。過去最多だった2015年（96万9,952件）を更新し、1949年の統計開始以来、初めて100万件を上回りました。

　一方、刑事事件は減る傾向にあり、2016年に全国の裁判所が受理した事件は被告の人数ベースで延べ99万7,159件となり、初めて家事事件を下回りました。

　家事事件が増えている大きな要因の1つが、離婚をめぐる夫婦のトラブルが増え、養育費や子どもとの面会をめぐる争いも増えていることです。人口動態調査によると、2015年の離婚件数は約22万6千件で、30万件近くあった2000年代前半と比べると低い水準ですが、結婚件数そのものが減っていることの影響とみられます。

　家事事件のなかでは、離婚に絡む法的な争いが増えています。たとえば子どもと一緒に生活して世話をする「監護者」を定める調停と審判の申し立ては2015年に4,562件と、10年間で3倍以上になりました。高齢化が進んで相続や成年後見に関係する手続きが増えているほか、離婚後の子どもとの面会や養育費に絡む調停や審判も多くなっています。増加が目立つ案件は相続放棄の手続きです。住む予定のない実家などを相続しない人が急増し、2015年の申立件数は約18万9千件で30年前の4倍です。遺産相続に絡む争いも多く、故人の財産の分け方を決める遺産分割の調停は約1万2千件と10年間で3千件近く増えました。離婚に伴う争いも増えています。別居中の夫婦が生活費などの負担割合を決め

る「婚姻費用の分担」の調停や審判は、2015年に約2万3千件と10年間で2倍以上に、子どもとの面会交流を求める調停なども10年前の約5千件から約1万4千件に増えています。

　警察が受理した「配偶者からの暴力事案等の相談等件数」は、年々増大し、2015年には6万3,141件と10年前の3倍以上になっています。配偶者暴力相談支援センターにおける「相談件数」も、2015年には11万1,630件となり、史上最高を記録しています。家庭内暴力の原因としては、夫が妻に暴力を振るうのはある程度は仕方がないといった社会通念、妻に収入がない場合が多いといった男女の経済的格差など、個人の問題として片付けられない構造的問題が大きく関係しています。男女が社会の対等なパートナーとして様々な分野で活躍するためには、その前提として、女性に対する暴力は絶対にあってはならないことです。

　現代日本の「家族の困難」の拡大の背景には、日本社会が全体として劣化していることがあります。1990年代の後半から、日本でも「新自由主義」路線にもとづく大企業経営や経済政策が強行されるようになり、日本の政治・経済・教育・社会のあらゆる分野で「市場原理万能」がさけばれ、弱肉強食の競争社会になってきました。「新自由主義」路線が推進されるにつれて、「自己責任」論が蔓延し、社会的排除による孤立化が「家族の困難」をますます耐え難くしています。

(4)「家族の困難」と　　　　　　　　　　　　　　　未婚率の上昇、晩婚化の意味すること

　「家族の困難」を象徴的に示す指標の一つが未婚率の急上昇です。別図（5-2）のように、1970年には男女とも1〜3％だった生涯未婚率は、とりわけ1990年代以降に急増し、2015年には男は23％を、女は14％を超えるようになりました。予測では2035年にはそれぞれ男28％、女19％を超えるものといわれています。若者の雇用不安、将来展望の閉塞感が未婚率に拍車をかけていると思われます。

第Ⅰ部　現代日本の人口減少

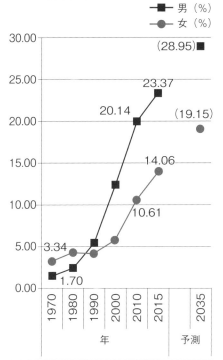

図5-2
1990年代以降に急増した生涯未婚率

年	男（％）	女（％）
1970	1.70	3.34
1980	2.60	4.45
1990	5.57	4.33
2000	12.57	5.82
2010	20.14	10.61
2015	23.37	14.06
予測 2035	28.95	19.15

(注) 生涯未婚率は、50歳時の未婚率。
(出所) 社会保障・人口問題研究所『人口統計資料集』（2017年版）

　国立社会保障・人口問題研究所の「出生動向基本調査」（2016年9月発表）によると、「いずれは結婚したい」と考える18～34歳の未婚者の割合は、男性が85.7％、女性が89.3％となっています。にもかかわらず、現実には「結婚資金」や「結婚のための住居」の確保が障害となっています。また長時間労働が異性との出会いの機会を難しくしていることもあります。非正規労働者の増加が生涯未婚率の上昇を促進していることはまちがいないでしょう。

　未婚率の上昇、晩婚化の傾向は、「少子化」に拍車をかける大きな要因の一つであることは、否定できません。諸外国と比べて婚外子の割合が少ない日本では、結婚する若者の数が減少することは、直接的に社会全体の平均的な出生率の減少をもたらすからです。

　最近の日本経団連の提言「人口減少への対応は待ったなし」（2015年4月）や日本経団連のシンクタンク（21世紀政策研究所）

の報告書「実効性のある少子化対策のあり方」（2014年5月）では、日本で「少子化対策」がこれまで効果をあげてこなかった第1の原因を、未婚率の上昇、晩婚化の傾向にたいする政府の対策が不十分だったことに求めています。

　「婚外子の少ないわが国において、出生率の継続的な低下をもたらした主な原因は『有配偶率』の低下、すなわち若者の『未婚化』であると考えられる」（日本経団連の提言）。

　「なぜ効果が不十分だったのだろうか。その理由としては、次のようなことが考えられる。第1は、政策が、少子化の根本的な原因にうまく照準を合わせていなかった可能性がある。例えば、これまでの『少子化対策』は、『子育て支援』という言葉からも分かるように、結婚して、子どもを産んだ後のステージをターゲットとしたものだった。しかし、前述のように、少子化の大きな原因は、結婚の減少、若者の生活不安など、結婚・子育ての前のステージにある。結婚後だけでなく、結婚前のステージに向けての政策的対応が不十分だったのではないか」（21世紀政策研究所『実効性のある少子化対策のあり方』、19ページ）。

日本経団連の提言やシンクタンクの報告書は、こうした「少子化の主な原因＝若者の未婚率上昇」という単純な分析をもとに、若者が結婚しやすいような条件づくりとしての「働き方改革」にとりくむことを提案しています。しかし、財界の求める「働き方改革」とは、従来から財界が要求してきた「労働法制の規制撤廃」であり、「労働ビッグバン」にほかなりま

図5-3
出生に占める嫡出でない子の出生割合の国際比較

国	年次	割合（％）
日本	2015	2.3
アメリカ合衆国	2015	40.2
韓国	2015	1.9
フランス	2012	56.7
ドイツ	2014	35.0
イタリア	2014	28.8
スウェーデン	2014	54.6
イギリス	2012	47.6

（出所）厚生労働省『我が国の人口動態』（2017年版）

せん。

　もともと、「少子化」の原因を結婚前のステージと結婚後のステージに分けてどちらが主な原因であるかなどと論ずること自体あまり意味のあることとは思えません。個々人の生活サイクルでは、結婚が出産・育児に先行することは当然ですが、だからといって未婚・晩婚化が少子化の第1の原因だということにはなりません。日本の出生率の低下は、未婚・晩婚化の傾向が強まる以前の1970年代80年代からすでにはじまっており、未婚・晩婚化は、「少子化」傾向に拍車をかけているだけです。

　大事なことは、未婚率の上昇、晩婚化の傾向と出産・育児にともなう困難は、その根源は同じであり、その深い原因を探究することです。後に第6章で解明するように、日本で「少子化対策」がこれまで効果をあげてこなかった原因には「3つの失敗」があり、それらの根源を突き詰めると、結局、現代日本の「資本主義のあり方」に行きつきます。「3つの失敗」という言い方の延長線上でいうなら、さしずめ「資本の失敗」、「資本主義の失敗」とでもいうべきでしょう。

(5)「少子化」が深刻な日本で、 「子どもの虐待」や「子どもの貧困」が増えている

　最近の日本社会で、なんといっても切ないのは「子どもの貧困」や「子どもの虐待」が増えていることです。全国の児童相談所で対応した児童虐待件数は、近年、うなぎ登りに上昇し、2015年度には10万3,260件になっています。急速に「少子化」がすすみ、新たに生まれてくる子どもたちが年々減少し、15歳までの年少人口も減っている日本で、子どもへの虐待が大きな社会問題となっているという現象は、異常としか言いようがありません。こうした現実もまた、歴代自公政権の「少子化」対策が効果をあげてこなかったことの証明であり、まさに「政府の失敗」というべきでしょう。

　子どもたちの6人にひとり、320万人以上が貧困に苦しんでいます。

第5章 「少子化」を促進する「家族の困難」

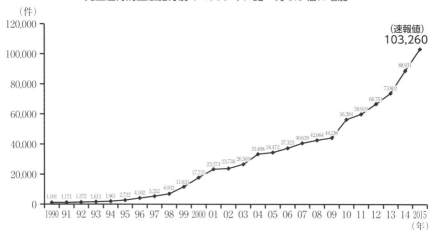

図5-4 児童相談所の児童虐待相談対応件数とその推移
児童虐待防止法施行前の1999年に比べ約8.8倍に増加

（注）2010年度は、東日本大震災の影響により、福島県を除いて集計した数値。
（出所）厚生労働省　雇用均等・児童家庭局　報道発表（2016年8月4日）

　子どもの貧困率は、2012年に初めて全年齢層より多くなりました。ひとり親世帯の貧困率は54.6％に上り、世界でも最悪クラスです。

　「新自由主義」路線が推進されるにつれて、「競争社会」があおられ、「自己責任」論が蔓延し、社会的排除による孤立化が「子どもの貧困」をますます耐え難くしています。地域の崩壊、家族の崩壊が「子どもの貧困」に拍車をかけています。こうしたもとで、最近、「子ども食堂」が全国に広がり、全国に300か所以上開かれているといいます。しかし、国の公的な支援、社会保障制度は改悪され、貧困対策の予算は削減されています。

　安倍首相は、国会の予算委員会で「子どもの貧困」をとりあげた質問にたいし、「日本が貧困かといえば決してそんなことはない」、「世界の標準から見てかなり裕福な国」などと答えました。しかし、これは基本的に間違っています。日本の相対的貧困率は上昇を続け、最新の政府統計（2012年）では16.1％、約6人に1人が貧困ライン以下で、子どもの

貧困率は 16.3％ にのぼります。母子家庭など一人親家庭の貧困率は 54.6％（同）と突出した高さを示し、経済協力開発機構（OECD）加盟 34 カ国で最悪となっています。「日本が世界有数の『子どもの貧困大国』」であることは動かせぬ事実です。

(6) 旧い「家族」思想の復活は、ますます 「家族の困難」を増大させる

　自民党が発表している憲法草案（2012 年 4 月）では、現行憲法第 24 条の見出しから、これまでの通説である「個人の尊厳と両性の平等」という言葉をあえて削除し、「家族、婚姻等に関する基本原則」としています。そして、別表（図5-5）のような項目を第 1 項として加えるとしています。

　この新たな第 1 項の内容は、「家族」を「社会の自然かつ基礎的な単位」と位置づけたうえで、「家族は、互いに助け合わなければならない」となっています。そのねらいが「家族」の役割を憲法に明記することによって、戦前の「家族像」を復活させようということにあるのがうかがえます。憲法に「家族」規定をもり込むことによって、家庭における「性役割分担」をいっそう強めて、政治支配の基盤にしようというねらいでしょう。

　自民党のホームページの解説では、「家族は、社会の極めて重要な存在ですが、昨今、家族の絆が薄くなってきていると言われています。こうしたことに鑑みて、24 条 1 項に家族の規定を新設し（た）」と述べています。そして「なお、前段については、世界人権宣言 16 条 3 項も参考にしました」などと解説しています。しかし、人権宣言では、「家族は、社会の自然かつ基礎的な単位であり、社会及び国による保護を受ける権利を有する」となっています。ところが、自民党草案では、「……尊重される。家族は、互いに助け合わなければならない」ですから、後段の意味はまったく異なります。人権宣言は、「家族の権利」を規定しているのにたいし、自民党案は「家族の義務」を規定しています。まったく

意味が正反対です。

　こうした自民党の「家族」思想は、個別の法律の立法としても具体化され始めています。たとえば、自民党を中心とする「親学推進議員連盟（初代会長安倍晋三）」が議員立法で「家庭教育支援法案」なるものを国会に上程しようとしています。

　同法案は、核家族化や家族と地域社会の疎遠化に伴い、家庭教育を支援するのが目的としています。また、家庭教育の第一義的責任は親にあるとして、国や自治体に支援策を策定・実施する責務を課すとともに、学校や保育所、地域住民に協力するよう定めています。しかし、実際は、家庭教育への支援の名で、国の教育行政が家庭のあり方を枠にはめてしまうことになるものです。

図5-5　現行憲法と自民党改憲案の比較

現行憲法	自民党改憲草案（2012年）
第24条（家族関係における個人の尊厳と両性の平等）	第24条（家族、婚姻等に関する基本原則）
	1　家族は、社会の自然かつ基礎的な単位として、尊重される。家族は、互いに助け合わなければならない。
1　婚姻は、両性の合意のみに基いて成立し、夫婦が同等の権利を有することを基本として、相互の協力により、維持されなければならない。	2　婚姻は、両性の合意に基いて成立し、夫婦が同等の権利を有することを基本として、相互の協力により、維持されなければならない。
2　配偶者の選択、財産権、相続、住居の選定、離婚並びに婚姻及び家族に関するその他の事項に関しては、法律は、個人の尊厳と両性の本質的平等に立脚して、制定されなければならない。	3　家族、扶養、後見、婚姻及び離婚、財産権、相続並びに親族に関するその他の事項に関しては、法律は、個人の尊厳と両性の本質的平等に立脚して、制定されなければならない。

第Ⅰ部　現代日本の人口減少

> **コラム**

人口学の範疇としての「家族」

　人口学のなかでは、「家族」は最も重要な範疇の一つです。人口学研究会編『現代人口辞典』（2010年）では「家族」、「家族機能」「家族類型」（3項目とも、執筆者は、渡邉吉利氏）の項目は、次のように規定されています。

　「**家族**（family）　家族は、通常、夫婦・親子・兄弟姉妹など少数の近親者を成員とし、成員相互の深い感情的関わり合いにによって結ばれた幸福追求の集団と定義される。／家族がどのような家族成員から構成されるかについては、規範的な側面と、実体的側面があり、前者は家族構造（具体的には、複合家族制、直系家族制、核家族制などの家族類型で表される）、後者は家族構成として区別される。／実体的側面としての家族構成は統計上の『世帯』によって近似的に把握される。ただし、世帯の構成員が『家計と居住の共同』によってとらえられる集団であるのに対し、家族の構成員は『世帯』から非親族（『家事使用人』と『営業使用人』など）を除き、別居中の家族（『遊学中の子女』、『単身赴任の夫』など）を含めたものである。世帯としての家族をとらえる場合、世帯主との続柄別の親族員構成とその規模の数的大小が家族構成となる。／（この後の日本の「家族」についての部分は略す）」。

　「**家族機能**（family function）　家族は、社会の存続・維持を助ける機能（社会的機能）と家族内部の成員の欲求充足を計る機能（個人的機能）を持っているとされる。家族が果たす社会的機能としては、家族における生殖・出生や子どもの養育および労働力の再生産など社会構成員の供給・補充が挙げられ、家族内成員への個人的機能としては愛情・いやし・福祉の機能が挙げられるのが普通である。オグバーン（William Fielding Ogburn）によれば、前近代期の家族は、経済、地位付与、教育、保護、宗教、娯楽、愛情の7つの機能を持っていたが、産業化の進展とともに

愛情以外の6つの機能は企業、学校、政府など外部の社会組織に委譲・移行され、家族機能総体としては縮小・弱化し、愛情という個人機能だけが顕著となったという（これを家族機能の外部化という）。この家族機能の外部の社会組織への委譲と家族機能縮小の説に対し、パーソンズ（Talcott Parsons）は家族本来の機能が明確化した（家族機能の特化説）との立場から、子どもの第一次的社会化と成人のパーソナリティの安定化を家族の基本機能として提起した」。

「**家族類型**（family type）　通文化的に構成された家族の理念型。通常2あるいは3の類型を設定し、家族の通文化的比較や家族変動の分析に用いられる。歴史的にはル・プレイの家父長家族、直系家族、不安定家族（核家族）の3類型において、伝統的直系家族から近代における不安定家族への変化の指摘が有名である。／日本では、柳田国男が伝統的家族を、労働組織と祖先祭祀の観点から、非血縁者や傍系親族まで含む大家族が家父長的な家長の統率のもとで超世代的に連続する『イエ（家）』として把握し、その変動を歴史的条件による大家族から小家族への変化としてとらえた。戦後の家族変動については、マードック（George Peter Murdock）の核家族論の影響を受けて、森岡清美は、『直系家族制』から『夫婦家族制』への家族類型間の変化としてとらえた。／他方、家族世帯の統計的把握のために家族員の続柄構成別に分類した概念も家族類型（世帯類型）として広範に用いられており、国勢調査、国民生活基礎調査などの世帯調査において、『核家族世帯』と『その他の親族世帯』あるいは『核家族世帯』と『三世代世帯』および『その他の世帯』という形で類型を設定している」。

【**関連項目**】　家族計画　家族形成　家族史研究　家族社会学　家族周期　家族人口学　家族政策　家族制度　家族復元法　家族法典　（そのほか「家族」に関連する項目は、きわめて多い）

《第Ⅱ部　現代日本の人口政策》

第6章

日本の「少子化」対策の失敗
―― 政府、財界、社会のトリプル・エラー

　野球の試合でトリプルプレイ（三重殺）という守備があります。一連のプレイで3個のアウトが記録される、めったにない美技です。現代日本の「少子化」対策の失敗は、まさにトリプルプレイならぬ「トリプルエラー」（三重失敗）とでもいうべき戦後日本社会の人口政策の大失敗でした。

　第6章では、歴代の自公政権の「少子化」対策がなぜ効果をあげてこなかったのか、その要因を検討し、それは、第1に「政府の失敗」、第2に「財界の失敗」、第3に「社会の失敗」、という3つの失敗が重なってきた結果だということを明らかにします。

（1）政府の失敗 ―― 歴代の自公政権の「少子化」対策の責任

　第1にあげるべきなのは、歴代の自民党政権（近年は自民党と公明党の連立政権）の「少子化」対策の失敗です。

1. 「少子化」の定義と「少子化」対策の経過

　日本で「少子化」という言葉が生まれたのは、つい最近のことです。政府の最初の『少子化社会白書』(2004年)によると、「少子」という日本語にはもともと「子どもが少ない」という意味はなく、「一番若い子、末子」という意味だったそうです。「少子化」という用語を、日本の政府が「出生率が低下し、子どもの数が減少すること」という意味で最初に使ったのは、1992年度の『国民生活白書』でした。同白書では、「少子化社会の到来、その影響と対応」という副題のもとで、「出生率の低下やそれに伴う家庭や社会における子供数の低下傾向」を「少子化」、「子供や若者が少ない社会」を「少子社会」と表現しています。『広辞苑』(岩波書店)でも、1998年の第5版から初めて「少子化」という言葉が掲載されるようになりました。

　人口学の世界では、もう少し厳密に「少子化」とは、「合計特殊出生率が人口を維持するのに必要な水準（人口置換水準）を相当期間下回っている状況のこと」(人口学研究会編『現代人口辞典』)と定義しています。この「少子化」の定義にもとづいて考えると、日本では、1974年に人口置換水準を下回ってから、それ以来今日まで40年以上も「少子化現象」が続いていることになります（「合計特殊出生率」や「人口置換水準」という用語の意味については、第11章で説明します）。

　2015年版『厚生労働白書』は、「人口減少社会を考える」という特集に270ジをあてて、「少子化」「人口減少」を分析しています。この特集では、日本の「人口減少」の現状、背景や見通し、これまでの政府の「少子化」対策の取り組みの経過などについて、たいへん詳細に分析し、資料を整理しています（81ジの「少子化」対策の「変遷」参照）。この政策変遷の系譜——政府の「少子化」対策の経過のフローチャートによると、1994年ごろから「少子化」対策が本格的にはじまり、すでに30年近くの積み重ねがあることがわかります。

　しかし、政府の「少子化」対策はほとんど成果を上げてきていません。

歴代の自公政権の「少子化」対策は二十数年も続いてきたのに、「少子化」傾向が反転する気配は、いっこうに見えてきません。これまでの「少子化」対策は、意図したような効果をあげていないといわざるをえません。まさに「政府の失敗」です。

2.「政府の失敗」の二重の責任

「政府の失敗」は、二重の特徴をもっています。

第一に、政府自身が独自に責任をもって実行すべき保育や教育、社会保障制度などの十分な対策をおこなわずに、むしろ「少子化」対策に逆行する政策、社会保障予算の削減や制度改悪を長年にわたって続けてきたということです。たとえば保育所の待機児童解消の問題は、ずいぶん以前から一貫して問題になってきたのに、まったく解決していないのは、まさに「政府の失敗」を象徴的に示している指標です。

先に紹介した『厚生労働白書』の特集「人口減少社会を考える」では、政府の「少子化対策」の経過を述べたうえで、「保育の受け皿確保や地域の子育て支援体制整備など、個々の取組みは着実に前進してきた」などと、次のように自画自賛しています。

「例えば、保育所の定員については、利用児童数の変動も踏まえて増加が図られてきており、近年の待機児童数については、2010（平成22）年をピークに減少傾向にある」（同、63ページ）。

厚労省は、これまで「待機児童」の定義をたびたび改悪し、名ばかりの"待機児童減らし"という姑息なことばかりやってきました。2015年4月にスタートした「子ども・子育て支援新制度」は、「待機児童解消」「子育て支援」のうたい文句でしたが、認可保育所を増やすのではなく公費支出を抑え、安上がりな保育で対応する新制度でした。これでは待機児童の解消はできません。「子ども・子育て支援新制度」をスタートさせた最初の年に、待機児童数は、2014年4月の2万1,371人から15年4月には2万3,167人へと5年ぶりに増加に転じました。しかも実態

第6章 日本の「少子化」対策の失敗

図6-1 少子化対策に関する閣議決定等の変遷

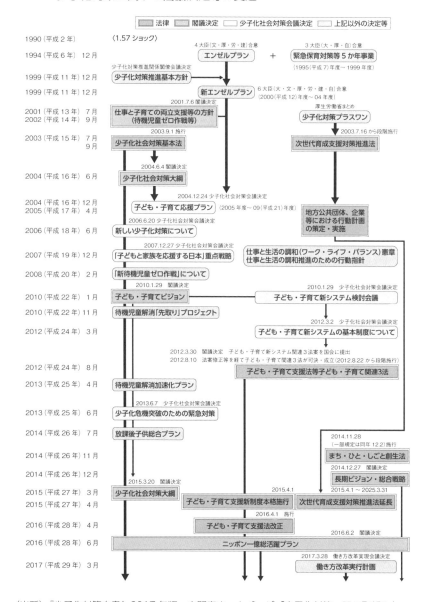

(出所)『少子化対策白書』2017年版、内閣府ホームページ「少子化対策〜国の取組み」

はその倍以上とみられています。

　第二に、後述する「財界の失敗」や「社会の失敗」を政府が放任し、むしろ逆にそれを推進・拡大してきたということです。言い換えるならば、「財界の失敗」と「社会の失敗」は、同時にまた「政府の失敗」でもあり、それだけに「政府の失敗」の責任は大きいということです。

　現在の日本社会は資本主義社会ですから、国民の働き方、暮らし方、地域社会や教育、文化など、すべてにわたって資本主義的な考え方、市場経済のルールが浸透しています。そうであるだけに、企業の経営のあり方、資本主義経営のあり方は、家族のあり方にも大きな影響を持っています。結婚や出産、育児など「少子化」にかかわりがあることは日本資本主義のあり方と深く関係しています。

　国の制度や政策は、政府自身が責任を持って実現すべき実行目標を持っていることは言うまでもありませんが、それは間接的には、企業経営や社会のあり方にも大きな影響をもたらします。「少子化」対策においては、とりわけ後述するような「財界の失敗」や「社会の失敗」にたいして、歴代政府の責任は大きいと言わなければならないでしょう。

3. 政府の「少子化社会対策大綱」に根本的に欠けているもの

　安倍内閣は、2015年3月に第3回目の「少子化社会対策大綱」を決定しました。政府の「少子化社会対策大綱」は、少子化社会対策基本法（2003年）にもとづく総合的かつ長期的な少子化に対処するための施策の基本指針です（第1回＝2004年、第2回＝2010年、第3回＝2015年）。

　安倍内閣の新しい「少子化社会対策大綱」は、冒頭部分で、こう述べています。

　　「我が国は、世界で最も少子化の進んだ国の一つとなった。合計特殊出生率は過去30年間、人口を維持するのに必要な水準を下回ったまま、ほぼ一貫して下がり続け、この流れが変わる気配は見えていない。日本が『子どもを生み、育てにくい社会』となっている現実を、我々

は直視すべき時にきている」。

　しかし「少子化社会」の現実を直視せずに、本格的な対応をおこたってきたのは、政府自身にほかなりません。「子どもを生み、育てにくい社会」というより、むしろ序章で紹介した池澤さんの言うように、日本を「子どもを産ませない社会」にしてきた責任は、なによりもまず歴代自民党政府とりわけ最近の自公政権にあることを、深く反省すべきです。

　安倍内閣の「少子化社会対策大綱」には、本文に加え「施策の具体的内容」「施策に関する数値目標」が別添でかかげられています。この「数値目標」のなかには、（どれだけ実現性があるかはともかくとして）、政府の「少子化」対策の基本構想が具体的な数値の形で描かれています。たとえば「子育て支援」の分野では、ひじょうに広範で詳細な項目にわたって具体的な目標がかかげられています。しかし、いずれも絵にかいた餅にすぎません。「少子化」対策のメニューと目標が取り揃えてあるだけで、目標を実現するために必要な規模や財源についての検討が根本的に欠けています。

　とりわけ安倍（第2次）内閣（2012年12月～）が発足し、アベノミクスと称する経済政策をかかげるようになってから、国民むけ政策の看板と現実に実行している政策との乖離がひどくなってきました。安倍首相は「50年後も人口1億人を維持する」という国家目標をかかげて人口問題に取り組んだのは「日本の政権としては、史上初めて」（2016年1月、ダボス会議への安倍首相のメッセージ）などと大見得を切りました（注）。しかし、アベノミクスの5年目に入っても、保育所の待機児童問題はまったく解消されず、2016年の出生率は2年ぶりに低下（1.44）しました。

　安倍政権のもとで、「少子化」対策が進まないのにたいして、5年連続で軍事予算はうなぎ登りに増え、反対に、社会保障予算は軒並み削減されています。

　　（注）「史上初めて」というのは、歴史的事実ではない。戦前の日本で、近衛文麿
　　　　内閣が「総人口一億」を「国家目標」にかかげた「人口政策確立要綱」（1941

年１月）を閣議決定したことがある。そのなかでは、「個人を基礎とする世界観を排して家と民族とを基礎とする世界観の確立、徹底を図ること」、「10年間に婚姻年齢を概ね３年早め、１夫婦の出生児数を平均５児とする」など、文字通り「産めよ殖やせよ」の人口増強政策を明記していた。

　「少子化」対策を実現するためには、財政的保障だけでなく、国民経済全体にかかわる計画的な裏付けも必要です。そうした財政と経済の計画的な取り組みは、その気になれば資本主義のもとでも可能です。戦後復興期の日本経済の経験そのものがそれを実証しています。

　ところが安倍内閣の「少子化社会対策大綱」には、こうした従来の失敗した政策を転換して、思い切って「異次元の少子化対策」に取り組もうという意欲が感じれられません。日本が「子どもを生み、育てにくい社会」「子どもを産ませない社会」となっている現実を直視して、政府が先頭に立って根本的に社会のあり方、政治と経済のあり方を変えようという立場に立っていません。「政府の失敗」の原因はここにあります。

4.「新自由主義」路線の労働政策、「労働ビッグバン」による 　　「少子化」の促進

　さらに「少子化」の流れに歯止めがかからない、その根源を探ると、財界・大企業の目先の利潤追求の労務政策があり、それを政府の政策が一貫して放任し、「新自由主義」路線の労働政策の面からそれを促進・拍車をかけてきたことがあります。「新自由主義」路線の労働政策は、「少子化」を促進し、「子どもを産ませない社会」をつくってきたのです。

　日本経団連は、「少子化」対策にかかわる最初のまとまった文書として、1999年３月に「少子化問題への具体的取り組みを求める」という政府への要望書を発表しました。そのなかでは、次のように述べていました。

　「少子化の進行をある程度前提にした場合、予想される労働力人口の減少を最小限にとどめるためには、労働の規制緩和や小規模事業への支援などを通じて、多様な雇用機会を創出していくことが必要であ

る。また、多様な雇用機会、就業形態を作り出すことで、仕事と育児の両立も容易になると思われることから、少子化対策としても有効と考えられる」。「少子化への対応を考える上で、企業が果たすべき役割も大変重要である。仕事と育児の両立を可能とするよう、従来の固定的な雇用慣行を見直すことは、労働力人口の減少による人材確保難が近い将来予想されることを踏まえれば、むしろ不可避的・必然的に推進すべき課題ともいえる」。「育児をしながら勤務を継続したいと考える社員のために、多様かつ柔軟な雇用システムを整備する必要がある。例えば、中途採用の拡大やパートタイマーの活用など、多様な就業形態を採り入れるとともに、フレックスタイム制の拡充や在宅勤務、地域限定採用など、柔軟な勤務体系を準備すべきである」。

この文書のなかでは、財界は、「新自由主義」的な労働政策によって、中途採用、パートタイマー、フレックスタイム制、在宅勤務、地域限定採用などの「柔軟な雇用システム」を拡大することが「少子化」による労働力不足への対応になると強調しています。こうした労働政策を強行することは、遠くない将来には深刻な「少子化」をもたらすという認識は、まったく感じられません。

政府は、国民にたいしては「少子化」問題の深刻さ、緊急性を直視せよと、さかんに強調しています。しかし、財界が政府に要求してきたことは、「少子化」対策とは逆行する「新自由主義」路線による「労働ビッグバン」の実行でした。

「労働ビッグバン」とは、第1次安倍内閣（2006年～07年）のとき、2006年11月の経済財政諮問会議に当時の御手洗富士夫経団連会長ら民間議員4名の連名による提案に盛り込まれた労働法制改革の要求です。この文書では、次のように述べていました。

「近年、働き方や家族のあり方は大きく変化しているが、それに対応した制度改革は未だ実現していない。安倍内閣のめざす国づくりには、複線型でフェアな働き方を実現させ、働く人ひとりひとりが『働

くことへの誇り』を持てるようにすることと、企業活力とを両立させることが必要である。このためには、関連制度を包括的・抜本的に見直す『労働ビッグバン』が不可欠となるが、これは、①効率的な労働市場の整備、②再チャレンジ支援、③生産性向上、④少子高齢化対策、など幅広い政策分野にまたがる改革からなる」。

この提言は、労働法制改悪にたいする労働者・国民の強い反対のために、当時は、そのままの形では実行することはできませんでした。しかし、その後、第2次安倍内閣がアベノミクスの第3の矢の「成長戦略」の中心に、「労働法制の岩盤規制の突破」などと言いだしてから、ふたたび焦点になってきました。とりわけ、2015年末ごろから安倍内閣が「働き方改革」などと言いだしてから、ふたたび財界は「労働ビッグバン」のチャンス到来とねらっています。

こうした「成長戦略」としてとらえられた「働き方改革」＝「従来の労働制度の改革」は、結局は財界・大企業の要求する「労働ビッグバン」に収れんし、真の意味での国民の立場からの「働き方改革」とはほど遠いものになっています。

歴代の自公政権は、「少子化」対策における「財界の失敗」を容認したばかりか、むしろその「新自由主義」的な労働政策を「成長戦略」の名で推進し、「政府の失敗」を拡大することになったのです。

5. 若者の貧困、教育の貧困と「政府の失敗」

安倍内閣のもとで設置された「一億総活躍国民会議」が発表した「緊急対策」（2016年11月26日）では、冒頭の第Ⅰ章で「『ニッポン一億総活躍プラン』の取りまとめに向けた基本的考え方の整理」をおこなっており、そこでは次のように述べています。

「国民一人ひとりが活躍できる社会づくりを進める上で最重要の課題の一つは、結婚・子育ての希望を実現しにくい状況を克服することである。2014年の合計特殊出生率は1.42に止まっているのに対して、

国民一人ひとりの結婚、出産、子育てに関する希望がすべてかなえられる環境が整備されれば、希望出生率1.8の実現へとつながっていく」。

「『希望出生率1.8』の実現に向けて、希望通りに結婚ができない状況や、希望通りの人数の子供を持てない状況を抜本的に改善するためには、若者の雇用・経済的基盤を改善するとともに、仕事との両立ができる環境づくりと、結婚から妊娠・出産、子育てまで切れ目のない支援を行う必要がある」。

しかし、問題は、「結婚・子育ての希望を実現しにくい状況」の原因が何であり、「若者の雇用・経済的基盤」や「仕事との両立ができる環境づくり」を阻んでいる原因が何であるのか、ということです。この点についての踏み込んだ探究は、まったくありません。

教育の貧困は、「少子化」を奥深いところで進行させる大きな要因です。安倍首相は施政方針演説で、「子どもたちの未来が、家庭の経済事情によって左右されるようなことがあってはなりません」「希望すれば、誰もが、高校にも、専修学校、大学にも進学できる環境を整えます」（2016年1月）などと述べましたが、実態はまったくそうなっていません。

経済協力開発機構（OECD）が2016年9月に発表した調査によると、国内総生産（GDP）に対して国や地方自治体による教育機関への公的支出の占める割合が日本は比較可能な33カ国中32位となりました。33カ国平均の4.5％にたいして、日本は3.2％です。大学の場合、入学金や授業料は年々高額となり、給付制奨学金制度がないのも主要国のなかでは日本だけです。教育の貧困もまた「少子化」対策における「政府の失敗」を示す標識にほかなりません。

子どもの貧困、若者の貧困、教育の貧困が示していることは、いま日本社会が落ち込みつつある「少子化社会」「人口減少社会」の問題が、たんに人口が減っているという量的な面だけではないこと、日本社会の質的な面からも、深刻な病弊が深まりつつあることを意味しています。

（2）財界・大企業の失敗
―― 当面の利益追求を優先させ、「少子化」を促進

　第2に、戦後日本の日本経済を主導してきた財界・大企業の、あまりにも目先の利益だけを追い求める「経営戦略」、労働力政策によって、「少子化」が促進されてきたという「財界の失敗」です。

1. 日本経団連の「少子化」対策の提言

　日本の財界を代表する日本経団連は、これまでも、「少子化」対策についての政府への「要望」や「提言」をたびたびおこなってきました。

　日本で「少子化」問題が社会的に大きくとりあげられるようになってきた1990年代後半ごろから、日本経団連（当時は旧経団連）などの財界団体でも「少子化」問題に言及する文献が現われてきていました（図6-2参照）。しかし、最初のころは、「少子化」対策といっても、その内容は、当面の労働力確保の対策と言ってもよいようなものでした。「少子化」対策に名を借りた労働法制の規制緩和の提言にほかなりませんでした。このころはまだ、すでに現実に進行しはじめていた「少子化」問題の深刻な意味については、財界はまったくと言ってよいほど無関心だったといってもよいでしょう。

　こうした財界の過去の「少子化」対策の発想と比べてみると、最近の財界「提言」の論調は、かなり変わってきています。「人口減少」や「少子化」の深刻な意味をしきりに強調するようになってきたことです。たとえば日本経団連は、2015年4月に「人口減少への対応は待ったなし――総人口一億人の維持に向けて」という「少子化」対策の提言を発表しました。今回の新しい「提言」では、第Ⅱ章「人口問題に関する諸分析」の「1. なぜ日本で人口が減少しているか」で、「人口減少の分析」をおこなっています。そして、人口減少の最大の要因は「未婚率の上昇」であると強調し、若者の「未婚率の上昇」の背景として、次のような問

題をあげています。

- ●「非正規雇用労働者の未婚率は、男性では高い傾向にあり、若い世代の経済的基盤を安定させることが重要である」。
- ●「長時間労働などにより、男性の家事・育児への参画が少ないことが、少子化の原因の一つ」。
- ●「3人以上の子供を持つことは、子育て、教育、子供部屋の確保など、様々な面での経済的負担が大きくなり、それが第3子以降を持てない最大の理由となっている」。
- ●「結婚、妊娠・出産、子育ての各段階のいずれにおいても、就労

図6-2
財界（日本経団連）の「少子化問題」についての提言、要望など

年	月	
1999	3	少子化問題への具体的な取り組みを求める
2000	5	少子高齢化に対応した新たな成長戦略の確立に向けて
		——今後の4半世紀における日本経済の展望と課題
	01	
02	6	WTOサービス貿易自由化交渉／人の移動に関する提言
	12	「少子化対策プラスワン」における法的整備について
	03	
04	4	外国人受け入れ問題に関する提言
05	1	わが国の基本問題を考える——これからの日本を展望して
	7	少子化対策委　初会合
	06	
07	3	少子化問題への総合的な対応を求める
		——人口減少下の新しい社会づくりに向けて
	11	〈パンフ〉日本の未来をささえるために、今みんなで考えよう
08	10	人口減少に対応した経済社会のあり方
09	2	国民全体で支えあう持続可能な社会保障制度を目指して
	2	少子化対策についての提言
		——国の最重要課題として位置づけ、財政の重点的な投入を求める
2010	8	子ども・子育て新システム構築に向けた要望
	11	「家族の日」・「家族の週間」にちなんだ各社の取り組み
	11	
12	11	社会保障制度改革のあり方に関する提言（4. 少子化対策）
13	5	待機児童の解消に向けた一層の取り組みを求める
	5	日本経済再生に向けた基盤整備
14	5	（21世紀政策研究所）「実効性のある少子化対策のあり方」
	11	今後の少子化対策への要望
15	1	2030年を展望した将来ビジョン「『豊かで活力ある日本』の再生」
	2	座談会「経営者が描く2030年の日本」
	4	人口減少への対応は待ったなし
		——総人口1億人の維持に向けて
16	11	外国人材受入れ促進に向けた基本的考え方
17	4	子育て支援策等の財源に関する基本的考え方

（資料）日本経団連のホームページなどから筆者作成

を望む場合に、望むタイミングで望む働き方ができるという希望がかなう環境を整備することが重要である」

　ここで、財界提言があげている諸論点は、それなりにあたっていないわけではありません。しかし、こうした雇用や賃金、暮しや子育てなどの劣悪な労働・生活条件を一体だれがつくってきたのか。こうした「未婚率上昇」をつくり出してきた悪条件を労働者・国民に押し付けてきた根源、その責任はどこにあるのか、という「反省」はまったく感じられません。「反省」するどころか、いまでもなお財界は、国民にたいしては「少子化」問題の深刻さ、緊急性を盛んに強調しておきながら、現実に実行していることは、まったく逆のことです。いぜんとして非正規雇用を増やして、さらなる労働条件の悪化をもたらす労働法制の改革を要求しています。

　つまり、財界提言のなかの「人口減少の原因分析」では、未婚率上昇、長時間労働、雇用条件悪化など、「少子化」の現実的条件を数え上げてはいますが、それら諸現象の根源の分析はなされていないということです。なによりも財界自身の政策や大企業の経営思想には分析のメスはまったく入れられていません。繰り返し言えば、財界・大企業には、「人口減少社会」を自らがつくり出してきたという自覚と責任は、まったく感じられません。

2. 1970年代以降
──「高度成長」の破たんと「出生率低下」のはじまり

　ここで、財界提言が「少子化」の原因としてあげている若者の未婚率の上昇や、出生率の低下がすすんできた歴史的経過を少し振り返ってみましょう。

　日本の出生率が2.07の人口置換水準を継続的に下回るようになったのは1974年の2.05でしたが、それいらい今日まで出生率低下が続いています。

90

第6章 日本の「少子化」対策の失敗

　1970年代以降の出生率の低下には、さまざまな要因が重なっていたと思われますが、なによりも指摘すべきことは、1970年代に「高度経済成長」の時代が終わるころから、大企業を中心とする資本蓄積様式が新しい段階的な変化をはじめたことでした。

　1970年代は、「高度経済成長」の破たんとともに、本来だったなら、行き詰まった輸出主導型蓄積・再生産構造を転換して、国民生活中心の、内需を軸にすえた再生産構造に切り換えていくこと、そのためには、国家的な戦略のもとに経済政策を総動員して、内需中心に資本蓄積と再生産の軌道を主導していくこと、それが課題となっていました。しかし、現実の日本資本主義は、そうした変革ではなく、まったく逆行する方向への変化を強めていったのです。

　たとえば、1970年代後半ころから、国民のあいだでは「豊かさとは何か」という論議が盛んになりました。「高度経済成長」の時代が終了してから、むしろ「豊かさ」への国民の関心が高まったのは、大資本が「高度成長」して1968年には「世界第二の経済大国」となり、「世界一の金持ち国」が喧伝されるようになったのに、国民の暮らし向きは少しも良くならず、むしろ長時間労働、超過密労働など「過労死」をうむ過酷な労働条件、「日本型企業社会」の異常な搾取・抑圧体制への批判が強まっていたからです。また、兎小屋といわれるほどの日本の住宅の貧困、地価の高さ、東京一極集中と過密問題などなどへの批判が、しだいに土地問題からゴミ問題、食品安全・製造物責任問題、農業・食糧問題、公害・地球環境問題へと広がっていきました。

　しかし、現実の日本資本主義は、国民生活優生、内需中心へ転換せずに、逆に、大企業は、いっそうの集中豪雨的な輸出拡大と海外への資本輸出の両面戦略によって、さらなる経済成長を維持しようとしました。1970年代から80年代にかけて、国民の期待した安定した仕事と暮らしの要求はかなえられないまま、生活をまもるために、夫は残業による長時間労働、妻もパートなど不安定な共働き世帯が増え、子どもを生み育

第Ⅱ部　現代日本の人口政策

てる条件は、しだいに悪化していきました。

3. 1990 年代以降 ──「新自由主義」路線による資本の強蓄積、労働
　力再生産の条件の危機、出生率のいっそうの低下

　1990 年代以降は、日本の出生率の低下は、1989 年の 1.57 ショックを
へて、さらに 1.50 の水準を下回り 1.00 台の前半にまで落ち込むように
なります。

　1990 年代以降の日本では、海外への輸出拡大と資本進出の両方を追
求する財界・大企業の経営戦略は、しだいに限界にきていました。戦後
日本資本主義の経済発展の基本的な前提が崩れて、労働力の再生産の基
盤がますます脆弱になりつつありました。1970 年代前半と同じように、
1990 年代前半にも、日本資本主義のあり方を根本的に検討して、国民
生活優先に資本蓄積・再生産の軌道を再編する機会が訪れていたと言え
るでしょう

　この時期に、財界の側からも、日本大企業の根本的な経営改革が必要
ではないかという問題提起がなされたことがあります。盛田昭夫ソニー
会長が雑誌に発表した論文「『日本型経営』が危ない」(『文藝春秋』1992
年 2 月号) です。この、よく知られている論文のなかで、盛田氏は、「我々
日本企業のやり方に対する欧米企業の我慢が限界に近づいてきている」、
「欧米から見れば異質な経営理念をもって世界市場で競争を続けること
は、もはや許されないところまで来ている」という情勢認識を前提にし
て、次のように提案しています。

　「……我々企業人は、これまでに経営の上で十分考慮してこなかっ
　た面がないかどうか、今一度我々の企業理念を真剣に考えるべき時な
　のです。そこで我々企業人は、まず最初のステップとして、次のよう
　なことを考えていくべきではないでしょうか。

　　1) 生活に豊かさとゆとりが得られるように、十分な休暇をとり、
　　労働時間を短縮できるように配慮すべきではないか? ──旧西ドイ

92

ツ・フランス並みへの速やかな移行は現実的ではないにしても、アメリカ並みのレベルを目標としてみてはどうか。

２）現在の給与は、企業の運営を担うすべての人達が真の豊かさを実感できるレベルにあるのか。貢献している人々がその働きに応じて十分に報われるシステムになっているか？　（以下略）」（同誌、101～102ページ）。

もし1990年代に、日本の大企業の経営が「盛田提言」の方向で改革されていたなら、あるいは、この時点で出生率低下の流れにも、一定のストップがかかっていたかもしれません。

しかし、現実には、ここでもまた、日本の財界・大企業は、まったく逆の方向へ舵を切っていくことになりました。1990年代後半以降の「新自由主義」路線の全面的な導入・推進です。

日経連が発表した「新時代の『日本的経営』」（1995年）のもとで、労働者の賃金と雇用、国民の暮らしを犠牲にして、一握りの巨大企業だけが大儲けをして、それを「内部留保」したり、海外投資に回して、多国籍企業に発展するという異常な成長方式がその後20年以上も続いてきました。「新自由主義」路線の推進軸ともいえる、相次ぐ労働法制の改悪は、長期的視点で見るなら、将来にわたって雇用を不安定にし、賃金を押し下げることになりました。そのために、国民の貧困と格差はいちだんと拡大し、とりわけ子どもや若者、女性の貧困が増大して、労働力の再生産の危機はますます深まってきました。

1990年以降の出生率のいっそうの低下の背景には、こうした「新自由主義」路線の強行による大企業の強蓄積があったと言わねばなりません。それこそが「少子化」傾向に拍車をかけてきたのです。

4.「当面の労務政策」と「長期的な労働力政策」の深刻なトレードオフ

「少子化」対策における「財界の失敗」は、当面の利潤追求を最優先する「労務政策」と長期的な視点が求められる「労働力の再生産」との

間には深刻なトレードオフの関係があるということについての認識が
まったくないことからきています。

トレードオフ（注）とは、「二律背反」と訳されることもありますが、「あ
ちらを立てれば、こちらが立たず、こちらを立てれば、あちらが立たず」
ということです。

もともと資本主義社会においては、一般的に言っても企業の「利潤優
先の労務政策（働かせ方）」と「長期的な視点で安定した労働力再生産」
の間には一定のトレードオフ関係があります。しかし、戦後日本の場合
のそれは異常でした。1990年代以降の大企業の経営戦略の大転換——
「新自由主義」型経営の推進——は、ますます短期的な利潤追求の「経
営戦略」を極限まで追求することになりました。それは長期的な視野に
立った「少子化」対策——「労働力の安定的な再生産」の方向とは根本
的に相反するものでした。「少子化」の現実が深刻さを増していく時期に、
財界の労務政策と「少子化」対策の間のトレードオフは、両者の溝をいっ
そう拡大していくことになりました。

「財界の失敗」を克服していくには、財界・大企業の「経営戦略」が
抱えている、この深刻なトレードオフ関係にメスを深く入れる必要があ
るでしょう。

> （注）「トレードオフ」（trade-off）は、近代経済学で使われる用語であるが、辞典で
> は、次のように説明されている。「複数の条件を同時に満たすことのできな
> いような関係。失業率を抑えると物価が上昇し、物価を抑えると失業率が上
> 昇するといった、物価安定と完全雇用が二律背反になるような経済的関係な
> どにいう」（『スーパー大辞林』）。

(3) 社会の失敗——その根底には、根強い「女性差別」と「女性の貧困」

第3に、政府や財界の失敗とともに、「少子化」問題に取り組むこと
を阻んできた日本社会全体としての失敗、「社会の失敗」です。

1. なぜ「社会の失敗」という視点が必要なのか

　これまで三十数年にわたる日本の「少子化」対策がなぜ効果をあげてこなかったのか、その原因を検討する場合に、「社会の失敗」という視点が必要なのは、「少子化」対策には、子どもを生み、育てるという人口問題特有の難しさを含んでいるからです。

　言うまでもないことですが、子どもを生むことができるのは女性だけです。しかし、その前提には、女性と男性の結合による婚姻（法制的に認知された結婚であるかどうかは問わない）が必要であり、家族の形成が条件となります。子どもを生むかどうかは、直接的には女性が決めることですが、今日では妻と夫のカップルの権利―― SRHR（リプロダクティブ・ヘルス／ライツ）――としてとらえられるようになっています（SRHRについては、第9章でとりあげます）。

　ですから、子どもを生み、育てるということは、政治的経済的な条件だけではなく、その社会で生きて生活している個人の決断、結婚や家族を持つこと、子どもを生み、育てることにたいする個々人の考え方に深く左右されます。現実に、同じ時代に生きて、同じような生活条件のもとで暮らしていても、子どもを生むかどうか、子どもを何人もつかどうかについては、一人ひとり、みな異なっています。その一人ひとりの判断の総体が社会的には「少子化」という結果として現われてくるために、その原因を探るのは、なかなか複雑です。

　すでに述べた、①政府の失敗、②財界の失敗については、戦後日本の政治と経済のあり方（戦後の日本資本主義のあり方）が「少子化」対策の達成を阻み、むしろ「少子化」を促進するばかりであったという意味で、比較的にとらえやすいのですが、「少子化」問題にたいする「社会の失敗」について考えることは、そう単純ではありません。

　もちろん、「社会の失敗」といっても、その根源を突き詰めていくと日本の政治や経済のあり方、政府や財界・大企業の政策が原因となっている場合が多いといえます。「社会の失敗」は、「政府の失敗」「財界の

第Ⅱ部　現代日本の人口政策

失敗」と深く絡み合っています。

　とはいえ、現代日本社会で、女性が生むことをためらい、結果的に「少子化」が進行している背景には、政治的、経済的な要因とは相対的に区別される「社会的に共通な問題」があると言わなければなりません。それを、ここでは「社会の失敗」ととらえておきましょう。

2. 日本のジェンダー平等度は、144 カ国中の 111 位
── 根底にある根強い「女性差別」

　「少子化」における政府や財界の失敗とは区別される「社会の失敗」の独自の要因には、さまざまなことが考えられます。たとえば、日本よりもいち早く「少子化」現象を経験したヨーロッパの人口学者の間では、現代社会で「少子化」を促進している要因として、「結婚や家庭にたい

図6-3　ジェンダー平等を表わす国際的なランキング

	ジェンダー・エンパワーメント指数	ジェンダー不平等指数	人間開発指数	ジェンダー開発指数	ジェンダーギャップ指数	国会議員比率	女性役員の割合
	GEM	GII	HDI	GDI	GGI		
調査時点	2009 年 (注1)	2015 年	2015 年	2015 年	2016 年	2017 年 6 月	2013
日本	57	21	17	55	111	164	44
国の数	109	159	188	160	144	193	45
発表機関	国連開発計画	国連開発計画	国連開発計画	国連開発計画	世界経済フォーラム	列国議会同盟	(注2)
特徴	女性の社会的、政治的、経済的な力を指数化（国会議員比率、専門職・技術職比率と管理職比率、推定勤労所得）の3つを用いて算出	国家の人間開発の達成が男女の不平等によってどの程度妨げられているかを指数化。（妊産婦死亡率、国会議員の割合、中等教育以上の教育を受けた人の割合等）	「長寿で健康場生活」「知識」及び「人間らしい生活水準」という人間開発の3つの側面を測るもの。（平均寿命、1人あたりGDP、就学率等）	男女別の人間開発指数（HDI）の比率で示される。HDIにおける男女平等からの絶対偏差に基づいており、男性優位の不平等も女性優位の不平等も同じ扱いで反映される。	経済、教育、保健、政治の各分野毎に各使用データをウェイト付けして総合値を算出。その分野毎総合値を単純平均してジェンダー・ギャップ指数を算出。	国会議員（下院）に占める女性議員の比率（日本は衆議院）	企業における女性取締役の比率

(注1) 2009 年まで発表。2010 年からは GII に。(注2) 米国の調査・コンサルティング会社 GMI レーティングス（GMIRatings）
(出所) 内閣府「男女共同参画本部ホームページ、列国議会同盟ホームページなどの資料をもとに作成

する個人や夫婦の価値観の変化」、「晩婚・晩産化の進展」、「効果的な避妊法の普及」などがあげられています。

日本の「少子化」の場合にも、こうした先進資本主義諸国に共通した社会的な諸要因があると考えられます。しかし、日本の場合には、多くの女性が産むことをためらい、結果的に「少子化」が進行している「社会の失敗」の根底にある要因として指摘すべきなのは、日本社会に根強い「女性差別」、ジェンダー不平等の問題です。

ジェンダー（gender）とは、歴史的な過程で、社会的、文化的、人為的につくられてきた男女の性差による差別として規定されます。それは、生物学的な特徴にもとづく性別（sex）とは異なる歴史的社会的に形成されてきた男女差別であり、そうであるだけに差別を撤廃するには、ジェンダー平等を実現することが必要になります。

日本社会の根強い「女性差別」の実態を表わす国際的な資料には、別表（図6-3）のように、いろいろな機関の発表する指標があります。比較にとりあげる分野の違いを反映してジェンダー平等の国別順位には違いがありますが、このなかで、多くの分野の指標（4分野・14項目）を集計しているものとして、最近よく引証されるのは、世界経済フォーラム（ダボス会議）が毎年発表する男女平等度指標の世界ランキングです。その最新版（2016年10月発表）によると、日本は世界144カ国中で111位、先進諸国のなかでは桁違いの「ジェンダー不平等国」です。とりわけ4分野のうち、賃金、雇用、役員などの「経済参画」は118位で、安倍内閣になってからの4年間に下降し続けています。

ちなみに、4分野のなかで日本のランキングが比較的に高い（それでも先進国の中では下位）指標は、健康や知識、教育などの分野で女性の地位が上がっているためです。

列国議会同盟が毎月発表している国会議員に占める女性の比率では、日本は164位で、5年前の95位からさらに大幅に下がっています。国連が発表していた女性の社会的地位を示すGEM指数でも、2001年に

第Ⅱ部　現代日本の人口政策

31 位だったものが、2009 年には 57 位へ下降しています（GEM 指数は、2009 年調査までで終了）。

　男女雇用機会均等法が施行されたのは 1986 年、男女共同参画基本法が施行されたのは 1999 年でした。それから 30 年、15 年が経過しました。部分的には、さまざまな改善もされてきました。しかし、全体的に見ると、基本において日本社会の女性差別の実態が続き、むしろ悪化しています。

3.「選択制夫婦別姓」を認めない最高裁判決

　2015 年 12 月に、こうした数字で示されるジェンダー不平等の指標よりも、もっと明確に「社会の失敗」を示す象徴的なニュースがありました。日本政府にたいして、「夫婦別姓を認めない民法の規定は憲法違反だ」と訴えた裁判で、最高裁判所大法廷は、民法の規定を合憲とする判断を示し訴えを却下しました。

　夫婦別姓を認めるかどうか、夫婦別姓と夫婦同姓を選択できる制度に民法を改めるかどうか、──この問題は「姓名の自己決定」というきわめて重要な基本的権利の問題であり、ジェンダー平等の根本にかかわることです。今回の最高裁判決は、あらためて日本の「女性差別社会」の根深さを国の内外に示しました。最高裁判事 15 人中の 3 名は、「女性のみが自己喪失感などの負担を負っており、例外規定を認めないことは憲法が保障する『個人の尊重』と『男女の平等』に根差していない」という意見を述べていました。(注)

　夫婦別姓の問題は、国連の女性差別撤廃委員会では、もう 2003 年の勧告以来、日本政府からの報告を審査するたびに、日本の女性差別を是正する最重要課題の一つとして、直ちに民法を改正するように勧告してきた問題です。日本は、こうした国際的な勧告すら履行できないできました。

98

（注）最高裁判決が「旧姓の通称使用で緩和できる」などとしていることについては、女性史研究者の米田佐代子氏は、次のようにコメントしている。「このたびの最高裁判決は失望したが、なかでも『夫婦同姓』が社会に定着していること、姓を変えることによる不利益は『氏の通称使用が広まることにより一定程度は緩和され得るものである』とした点については、納得できない」。「『同姓が社会に定着』というが、それは戦後『家』制度を廃止したのちも『戸籍制度』と『夫婦同氏』を温存してきた結果ではないか。結婚後の姓を96％の女性が夫の姓に変更するという『社会通念』は、政策的に作られてきたものであり、それを憲法判断よりも重視する今回の最高裁判決にうなずくことは到底できない」（『しんぶん赤旗』2015年12月21日）。

4.「社会構造」の変革を阻んでいるものはなにか

　なぜ、日本のジェンダー平等は国際的にも遅れているのか。現代日本で、なかなか男女共同参画社会が実現できないのはなぜか。その根源にあるものはなんでしょうか。

　この問いに関連して、「パラサイトシングル」や「婚活」などの造語を普及したことで知られる社会学者の山田昌弘中央大教授は、『女性活躍後進国ニッポン』（岩波書店、2015年）のなかで、次のように述べています。

　　「……男女共同参画の推進、とりわけ女性の活躍推進がなかなか進まないのは、戦後の高度成長期に確立された『日本社会のあり方』、要するに『社会構造』に原因があるということです。……社会構造というと難しく聞こえるかもしれませんが、それは、人々の行動や意識に影響を与える制度、慣習、社会意識、規範などです。その中で重要なものは、『夫は主に外で働き、妻は主に家で家事をする』ことを前提にした社会構造、つまり、『働き方』『家族形成（結婚、子育て）のありかた』『社会保障（社会福祉）のありかた』です」（同書、8ぺ）。

　山田教授は、「女性の活躍」が進まない原因は「日本社会のあり方」「社会構造」にあり、それは「夫は主に外で働き、妻は主に家で家事をする」ことを前提にした社会構造、つまり、「働き方」「家族形成（結婚、子育て）

のありかた」「社会保障（社会福祉）のありかた」にあると解説しています。

　このとらえ方に、筆者も異論があるわけではありません。たしかに、山田教授があげていることは、そのとおりだといってもよいでしょう。しかし、「女性の活躍」が進まない原因を、「社会構造」や「働き方」や「家族の役割分担」などに求めることは、堂々巡りの循環論法に陥る危険もあります。

　「社会構造」が変らない　→「女性の活躍」が進まない　→「社会構造」が変らない　→「女性の活躍」が進まない　→「社会構造」が変らない　→……

　この循環論法を突破するには、「社会構造」や「働き方」や「家族の役割分担」の具体的なあり方、その中身に分け入って、分析を深める必要があります。山田教授も、同書の後段では、「性別役割型家族」の限界、正規・非正規の格差を拡大する「雇用慣行」、女性の活躍を妨げる「社会保障制度」などを具体的に分析して、最後に、終章で次のように述べています。

　　「では、なぜ変われないのか、それは、制度、慣習、意識の一種の『惰性』だと思います。今ある仕組みを変えるのには、国民全体の勇気と決断が要ります。国の制度、雇用慣行、そして、人々の意識というすべてのレベルを、少しずつでも変えていかないと、女性の活躍推進が進まず、男性、女性ともに、生き方の困難さが増します」（同書、62〜63ﾍﾟ）。

　筆者は、日本社会が変われないのは、山田教授が指摘しているような「制度、慣習、意識の一種の『惰性』」のためというよりも、現代の日本社会の支配的な政治構造の問題、そこに根深い「女性蔑視」の制度、慣習、意識の根源があると考えています。戦後日本政治を長く支配してきた自民党など保守政治の根底に、牢固とした女性蔑視、性差別主義の思想があり、そうした思想が「性別役割型家族」を隠れ蓑にして制度化さ

れているからです。そこに焦点をあてる分析、そこを変革する運動が必要です。

たとえば、自民党政治家の女性蔑視発言は、記憶に残っているものだけあげても、①安倍（第1次）内閣の柳沢伯夫厚生労働大臣の「女性は子どもを生む機械」発言（2007年1月27日）、②菅義偉官房長官の「たくさん産んで国家に貢献」発言（2014年6月18日）、③森喜朗元首相が「子どもを生まない女性に（国の）福祉はおかしい」発言（2003年6月26日）、④石原慎太郎元東京都知事の「子どもの生めないババアは死ね」発言（週刊誌2001年11月6日号）などなど、枚挙にいとまがありません。

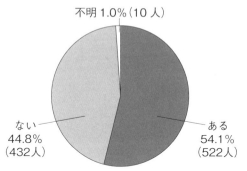

図6-4 地方議会での「女性蔑視」
女性蔑視や差別，暴言など不快に感じたことがありますか

資料：47都道府県964人の女性地方議員からの回答
（出所）新日本婦人の会、2015年1月30日発表

新日本婦人の会（新婦人）の調査「"私が感じた差別"全女性地方議員アンケート」（図6-4）によると、全国の地方議員のうちで女性蔑視や差別など不快だと感じたことがある女性議員が過半数にのぼる実態が明らかになりました。女性蔑視や差別、暴言など不快だと感じたことが「ある」という回答は54.1％でした。

この新日本婦人の会の調査が示していることは、先にあげた政治家の「発言」に現われている「女性蔑視」思想が、日本の政治社会全体に広く存在しているということです。国の政治、地方政治の場での「女性蔑視」の問題を重視する必要があるのは、それが過去の時代の遅れた思想が残っているということではないからです。

「女性蔑視社会」は、現代日本の政治的な支配の構造と深く結びつい

第Ⅱ部　現代日本の人口政策

ています。いいかえるならば、現代日本の政治支配の構造を支える条件
として「女性蔑視社会」が続いているということです。けっして「制度、
慣習、意識の一種の『惰性』」などととらえるべきではないのです。

5.「生めない現実」、「生まない選択」の背景に「女性の貧困」

　2016年1月の衆院予算委員会で女性のパートの低賃金が問題になっ
た時、安倍首相は、「パートの賃金が安くても、夫の賃金と合算するか
ら家計収入全体は増えている」などと答弁しました。しかし、現在の労
働現場の特徴は、こうした「家族賃銀」から排除された若い未婚女性や
シングルマザーの女性のパートタイマーが急増して、「女性の貧困」の
大きな背景になっていることです。

　最近の日本では、社会の基礎構造、政治的土壌の上で、新たな形態で
の「女性の貧困」「労働と家庭からの排除による女性の貧困」が広く深
く進行しています。「女性の貧困」の基礎に、最近の20年間にすすんだ
女性雇用者の非正規化があることは明らかです。女性の非正規雇用者は、
2014年には全体の56.7％になっています。多くの働く女性たちが低賃金・
無権利のワーキングプアの状態に追い込まれてきました。

　しかし、それだけではありません。多くの女性たちが、単に労働・雇
用の面で安定した生活を保障する条件から排除されているだけではな
く、社会的排除――安定した生活の場である「家庭からの排除」という
新しい困難を背負わされてきています。

　現代日本の「女性の貧困」をつくり出している「家庭からの排除」と
いう問題について、宮本みち子放送大学副学長は、次のように述べてい
ます。

　　「家庭からの排除は、結婚（家族形成）からの排除だけでなく、彼女
　たちの出自家族（多くは親のいる実家）のなかでの排除と、出自家族の
　社会からの排除を含んでいる」（小杉礼子・宮本みち子編『下層化する女
　性たち―労働と家庭からの排除と貧困』勁草書房、2015年、9㌻）。

102

NHKの「クローズアップ現代」が若い女性の間で深刻化する「女性の貧困」の実態を描いた「あしたが見えない」を放送（2014年1月）した後、番組サイトのページビューが通常8千程度のところ、60万を超えたといいます。NHKは、その後、同年4月には、NHKスペシャルで「調査報告・女性たちの貧困─"新たな連鎖"の衝撃」を放送しました。そこでは、親たちの世代の貧困が子どもの世代に連鎖し、とりわけ若い女性たちに重くのしかかっていると告発しました。

2年前には、NHKは「あさイチ」でも若い女性の「サイレントプア」の実態をとりあげて大きな反響を呼びました。「サイレントプア」とは、当事者が声をあげない（あげられない）ため、手助けを求められず、貧困から抜け出せない状態のことです。日本では可処分所得（税金を差し引いた年収）が112万円未満を貧困線としていますが、現在の独身女性の3人に1人は貧困状態となり、さらに母子世帯の場合は、貧困率が48％にものぼると言います。

6.「女性の自立」と「労働と家庭からの排除」のパラドキシカルな関係

江原由美子日本女子大教授は、「若年女性の非正規労働者化」と「若年女性の有配偶率の低下」という2つの変化が重なって進行していることが、外から見えにくい「若年女性の貧困化」を生み出していると、次のように指摘しています。

「現代生じている事態は、そうした性別役割観やモデルとは全く逆に、『女性も自分で働いて生活を維持する方がよい』という女性の自立意識の高まりであり、さらには、こうした意識変化や世帯人員数の減少や未婚化等によって『家族に包摂されない女性』たちが急速に増加するという事態の進行であろう。こうした変化にもかかわらず、従来の性別役割観を前提にした女性労働観＝『女性労働の家族依存モデル』が強固に維持されていることが、『女性の貧困』を見えにくくしているのである」（江原由美子「見えにくい女性の貧困」〔小杉礼子・宮本

みち子編『下層化する女性たち』勁草書房、2015 年所収〕）。

ジェンダー平等を求める運動の発展によって女性の自立的な意識が高まり、家父長的なジェンダー不平等な家族関係が解体されていくこと、こうしたそれ自体は社会進歩の進行と、女性の自立を支えるための社会的経済的な条件の立ち遅れとの乖離、そこから新たな「女性の貧困」が深まるという、このパラドキシカル（逆説的）な関係が、とりわけ若い世代の女性を苦しめているのです。

こうしたパラドキシカルな事態が生まれるのは、社会が進歩するときに、その過渡的な狭間で起こることです。たとえば、資本主義制度が封建制度の社会的なくびきを破って生成してくるときに、かつての身分制にがんじがらめに縛られていた農奴制が崩壊して「二重に自由」な労働者階級が大量に生まれてきました。「二重に自由な」という意味は、身分制という遅れたくびきから「自由」であるということと、生活手段である「土地」からも切り離され「自由」であるということでした。そのため、労働者階級は資本家に雇用されて賃金労働者にならないかぎり「失業」して、生存の条件をすら失うという「自由」でした。

現代の日本で新しく生まれつつある「女性の貧困」のメカニズムにも、それ自体は社会進歩であり、決して後戻りしてはならない女性の自立意識のたかまりと、遅れた性的役割分業観、「女性労働の家族依存モデル」のなし崩しの崩壊の狭間で生まれている現象、一見すると矛盾したパラドキシカルに見える社会現象といえるでしょう。

こうした矛盾したパラドキシカルに見える状況を打開する方向は、女性の自立、ジェンダー平等をめざす運動をいっそう発展させること、それを支える社会的・経済的・政治的な仕組みを確立していくことです。とりわけ「女性差別社会」の根源にある日本政治の歪みを改革することが急務です。旧来の男女の性的役割分業観にもとづく賃金の男女差別、雇用差別をなくすなどの労働法制の改革、選択的夫婦別姓などを一刻も早く実現するための民法の改正、シングルマザーへの経済的支援など深

刻な「女性の貧困」を改善するための政策的措置、また国連の女性差別撤廃委員会や国際機関から厳しく指摘されてきた課題の実現など、政治のはたすべき役割が決定的に重要です。

※　　　※　　　※　　　※

　本章では、日本の「少子化」対策がなぜ効果を上げてこなかったのか、その原因を「政府の失敗」、「財界の失敗」、「社会の失敗」という3つの角度からみてきました。「人口減少社会」を乗り越えていくためには、それぞれの角度からも、さらに深い究明が求められます。

　最後に「政府の失敗」、「財界の失敗」、「社会の失敗」を全体としてとらえて、「3つの失敗」の根源にまで踏み込むなら、戦後日本の資本主義が急速に復興・発展してきた過程で、いつのまにか日本資本主義は人間社会の本来のあり方から外れてきたのではないか、という問題に行きつきます。

　「少子化」問題は、いうまでもなく人間の生命の生産と再生産にかかわる課題です。その意味では、「少子化」対策における失敗は、まさに日本資本主義のあり方の失敗です。「人口減少社会」の問題を考えることは、とりもなおさず日本資本主義の過去・現在・未来のあり方について、根本的に考え直すことだと言ってもよいでしょう。

　　（参考）日本の「『少子化』対策の失敗」については、本書の「はじめに」でも述
　　　　べたように、拙著『「一億総活躍社会」とはなにか――日本の少子化対策は
　　　　なぜ失敗するのか』（2016年、かもがわ出版）のなかでより詳細に検討して
　　　　あります。本章とあわせてご参照ください。

《第Ⅱ部　現代日本の人口政策》

第7章

「人口減少社会」は、
AI や IoT で乗り越えられるか

　日本で人口減少が進行しはじめたころから、つまり 2010 年代に入ってから、産業界では AI（人工知能）ブーム、IoT（アイオーティー）ブームが起こってきました。そうした時代の流れに乗って、「人口減少社会は、AI や IoT などの ICT（情報通信技術）革命の発展によって乗り越えられる。人口減少時代を恐れる必要はない」などと主張する論者も現われてきました。

　第7章では、「人口減少社会」は、はたして AI や IoT で乗り越えられるものなのか、「人口減少社会」と ICT 革命の関係について検討してみましょう。

(1) 進化する AI は、人間の能力に近づいている

　人工知能（AI = Artificial Intelligence）とは、その名のとおり、人間の頭脳の機能を備えたコンピューターやそのプログラムのことです。

　2016 年 3 月、「アルファ碁」という名の人工知能が世界最強といわれ

る韓国人棋士の李九段と対戦し、4勝1敗で勝ち越しました。囲碁の打つ手は、10の360乗もあり、チェスの10の120乗、将棋の10の220乗にくらべても、もっとも複雑なゲームだといわれています。

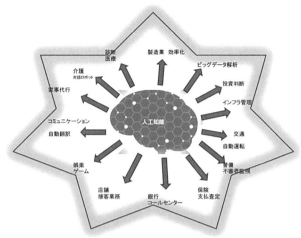

図7-1　人工知能の活用可能性が広がっている

（出所）拙稿「人工知能と雇用問題」（「全国商工新聞」2016年4月11日号）

　人工知能に注目が集まるのは、1960年代、90年代に続いて今回が3回目です。

　今回は、ディープラーニング（次ページに用語解説）という画期的な技術が登場したことによって、人工知能の能力が飛躍的に向上しました。今回のブームは一過性ではなく、いよいよ本格的なAI時代が来たと注目されています。

　AIの応用分野はさまざまです（図7-1）。

　たとえば、自動車産業では、AIによる自動運転技術の開発競争が世界的に猛烈な勢いではじまっています。医療の分野でも、過去の膨大な症例記録を記憶したAIが名医に代わって難しい診断をおこなえるようになるといわれています。

　AIによって、自動翻訳の技術も飛躍的に発展しています。そのうちに、自動翻訳の装置を組み込んだ電話で、日本語と英語で自由に会話ができるようになるかもしれません。

第Ⅱ部　現代日本の人口政策

> **用語解説**
>
> ### ディープラーニング（深層学習）
>
> 　従来の AI は問題を解くためのルールをコンピューターに教え込み、膨大な計算を何度も繰り返して答えに達した。ディープラーニングでは、人間の脳を模したネットワークの層をいくつも重ねることでコンピューターの自己学習能力を飛躍的に向上させた。まず過去の膨大なデータを記憶させ、それをもとに自己学習を繰り返す。「アルファ碁」の場合、過去の棋譜を 10 万以上も記憶させ、3 千万回も自己対局（自己学習）して強くなったという。

(2) IoT は、新たな「生産性の向上」をもたらす

　IoT とは、英語の（Internet of Things〔インターネット・オブ・シングス〕）の三つの単語の頭文字をとった造語です。直訳すると「あらゆるモノをインターネットでつなぐ」となります。

　IoT は、スマホ（スマートフォン）が人と人、人とインターネットとを、高速の無線通信網で結びつけるのとは違って、極小な高性能センサー（物理量を認識・検知する装置）を取り付けたモノとモノ（things）を直接結びつけ、そこから発信される情報をクラウド（データを端末のコンピュータではなくインターネット上に保存するサービス）に蓄積して、AI などで高速解析し、最適な解決策をフィードバックする仕組みです。

　わかりやすい事例で言えば、自動車に設置するカーナビがあります。カーナビは、人工衛星の GPS（全地球無線測位システム）と自動車の端末機器が無線でつながって、走行中の位置情報を運転席の画面にリアルタイムで表示します。音声で混雑情報や目的地までの道案内もします。

　もう一つ例をあげると、電力を計測するスマートメーターがあります。このメーターを各家庭に配置して、電力会社のコンピュータで自動認識・自動制御して電力需給を調整するシステムです。

このように IoT は、モノとモノに設置されたセンサー（感知装置）などの情報機器が通信網で結合されて、人間を介在せずに、直接、大量のデータをモノとモノが相互に通信して自動制御しあう仕組みです。最近、世界中で開発競争が激化している「自動運転車」も、IoT の実用分野のひとつといえるでしょう。

IoT は、「自動運転車」だけでなく、交通、公共インフラ、製造工場、事務所、商業施設、などなど、ありとあらゆる分野で「モノとモノをネットでつなぐ」といわれます。

とりわけいま産業界で IoT が注目されているのは、企業経営の分野で、生産―流通―販売のあり方を根底から変える可能性があるからです。たとえば、工場の機械にセンサーと通信機能を内蔵して IoT で繋げば、機械の故障の場所、交換が必要な部品などを製造元がリアルタイムで把握できるようになるといわれます。人が監視できない僻地（火山、海岸など）を IoT で常時自動計測し、災害防止などにも画期的な効果が期待されています。家庭の暮らしの面でも、IoT が普及すれば、家具、家電製品、人型ロボットなどの自動制御で、より快適なスマートホームになると宣伝されています。

IoT をテーマにかかげたアジア最大規模の展示会（2016 年：CEATEC・Japan）を取材すると、IoT 関連機器やソフトウエアなどを開発・販売する ICT（情報通信技術）関連企業の出展で熱気に満ちていました。主催者発表によると、出展者 648 社・団体、登録来場者 14.5 万人と大盛況だったといいます。2015 年 10 月

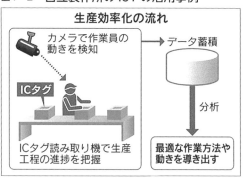

図 7-2　日立製作所の IoT の活用事例

（出所）「日経」2016 年 10 月 26 日

に設立された産官学の「IoT 推進コンソーシアム」（IoT を推進するための協同組織）にも、すでに 2,400 社が参加しているといいます。

IoT は、たしかにモノの世界では飛躍的に物的生産性を上昇させる可能性を秘めています。しかし、それは、働く人たちには、けっして良いことづくめとは言えません。IoT は極限的な「合理化」と徹底的な労働強化・人減らしの手段になる危険があるからです。

たとえば、新聞報道によると、日立製作所は、2016 年 10 月に、IoT による効率的生産システムを発表しました。それによると、発電所や上下水道向けに出荷する巨大な制御盤の生産ラインで、機械や部品に IC タグを付け、カメラを使って装置や製品だけでなく、ヒトの動きも捉えて、膨大なデータを集中して人工知能（AI）で解析することによって、「生産期間を 180 日から 90 日に半減した」などと、IoT による「生産性向上」の成果を発表しています。日立の工場で部品や仕掛かり品を収める箱や棚に貼り付けた IC タグは合計 8 万個に上ると言います。

ヒトとヒトをネットで結びつけるスマホ（スマートフォン）があっという間に、日本中で、いや世界中で普及していったことから考えると、IoT も、かなり急速に普及する可能性があります。ある予測によると、2020 年までには、世界人口の約 10 倍に相当する 500 億個ものモノとモノがネットワークにつながるなどといわれています。

(3) 安倍内閣は、「人口減少」に ICT 革命で対応するというが・・・

ICT 関連の大企業が IoT 関連の市場創出で活気づいているだけではありません。

安倍内閣は、破たんしたアベノミクスの新たな「成長戦略」として、IoT に望みをかけています。政府の『情報通信白書』(2016 年版) は、「IoT・ビッグデータ・AI」を特集して、IoT は、人口減少、超高齢化、地方間格差、防災、労働生産性向上といった日本が抱える社会課題を解決に

導くなどと強調しています。

「少子高齢化とそれに伴う人口減少が、我が国の社会経済にどのような影響を与えるのか概観する。そのうえで、IoT・ビッグデータ・AI 等の ICT がそれらの社会的課題の解決等にどのように貢献し得るのかを定性的に示す」（同書、2ペー）。

同白書では、「ICT が我が国の経済成長に貢献し得る経路について、経済の『供給』と『需要』の両面から体系的に整理し、具体的事例や企業の現状や今後の意向等の調査結果も交えながら分析する」と述べ、「さらに、各経路について経済的な影響をみるため、簡易的な定量的推計を行う」（同書、8ペー）としています。

さらに同白書は、ICT 革命による経済成長の定量的推計として、次のように述べています。

「推計の結果、ベースシナリオと比較すると ICT 成長シナリオは、2020 年度時点で、実質設備投資は＋ 0.7％、就業者数は＋ 0.5％の増分効果があり、TFP（全要素生産性）は 1.1％（ベースケース）から 1.8％へと高まる結果となった。これらの結果により実質 GDP の押し上げ効果は、2020 年度時点で 33.1 兆円（＋ 5.9％）となった」（同書、53ペー）。

（4）労働力人口の減少を、産業の ICT 化で補えるか

AI の発展とともに、AI を内蔵した高性能ロボットが人間の代わりに仕事をするようになると、雇用が奪われて失業が増えるのではないかという懸念も広がっています。

資本主義的な経営では、利潤追求のために、たえず機械化による人減らし「合理化」、リストラがおこなわれます。AI の発展は、こうした個々の企業レベルの「合理化」というより、ある職種そのものがそっくり AI 内蔵ロボットに置き換わってしまうのではないかという心配です。

野村総研は 2015 年 12 月に、英国オックスフォード大学の研究者との

合同研究の結果として、10 ～ 20 年先には現在の仕事の 49％が AI とロボットで代替できるようになると発表しました。

こうした ICT 革命の発展によって雇用がロボットに代替され、失業が増えるということは、発想を逆にすると、人口減少、とりわけ労働力人口の減少を、ある程度は AI とロボットの活用で補える可能性はあるということでもあります。しかし、実際には、一方では、ロボット化による失業が増えながら、同時に他方では、人口減少による人手不足がひどくなるという最悪の事態がすすむ可能性もあります。むしろ資本主義的な市場任せで ICT 化が進展すると、いま述べたような矛盾した現象が広がる懸念が強まっています。

こうした ICT 革命、とりわけ AI や IoT の発展による産業構造と就業構造の変化について、経済産業省が試算をおこなった興味深い資料があります。2016 年 4 月に同省の産業構造審議会が発表した「新産業ビジョン──中間整理」のなかでおこなっている 2030 年までの「産業構造・就業構造の試算」です。同ビジョンでは、試算の結果として、次のように述べています。

　　「AI やロボット等の出現により、定型労働に加えて非定型労働においても省人化が進展。人手不足の解消につながる反面、バックオフィス業務等、我が国の雇用のボリュームゾーンである従来型のミドルスキルのホワイトカラーの仕事は、大きく減少していく可能性が高い」（説明資料、9ページ）。

就業構造の変化としては、「現状放置」なら従業者数は 735 万人の減少となるが、ICT 革命を利用した「変革」をおこなえば、161 万人の減少にとどめることができるとしています。つまり、AI やロボットなどの ICT 革命によって、就業者減少を 574 万人（735 万人 -161 万人）は補うことができるといいたいわけでしょう。この試算は、逆の読み方をすれば、労働力を流動化すれば、ICT 化は「人手不足の解消」に役立つということです。ICT 化による大量の失業者を「人手不足」の業種へ

回せばよいという考え方だからです。

しかし、この試算は、産業構造・就業構造の「変革」（労働力の大移動）を前提としており、こうした「変革」が経産省の期待通りに進む保証はまったくありません。

経産省の産業ビジョンのように、ICT革命の応用によって労働力を流動化させれば人手不足を補えるなどという試算は机上の空論に近いものです。先に見たように、社人研の将来推計人口では、生産年齢人口は2015年の7,728万人から2065年には4,529万人（3,199万人減）、2115年には2,592万人（5,136万人減）に急減します。こうした働き手の人口の減少をICT革命による「生産性の上昇」で補うなど、とてもできるわけがありません。現代日本の人口減少を乗り越えるには、「少子化」と人口減少をもたらしている今日の政治的、経済的、社会的な矛盾にメスを入れて、その歪んだ現実を変革することこそ求められます。

（5）資本主義のもとでの「人口減少社会」には、ICT革命では乗り越えられない限界がある

AIやIoTの進化は、人間にとって何を意味するかが問われています。一方では、AIやIoTの進化によって、人間の仕事がロボットなどの機械に奪われ、雇用が減少して、悲惨な社会になるという悲観的な予想があります。他方では、先進諸国の人口減少を、AIやIoTなどによる「生産性の上昇」でカバーすれば、豊かな社会を維持できるという楽観的な予想があります。しかし、これらの議論は、悲観論であれ、楽観論であれ、いずれも根本的な視点において正しくありません。AIやIoTを活用する社会制度の側の分析、資本主義的生産関係の分析が基本的に欠落しているからです。

欧州や日本などの発達した資本主義国での「人口減少社会」の傾向は、資本主義的生産関係が人々の生存、生命の再生産という基本的条件にとって、さまざまな困難をもたらすようになっていることを示していま

す。とりわけ日本で「家族の困難」、「家族の貧困」が増大していること
の背景には、日本資本主義のあり方が、家族の形成・維持・発展にとっ
ての阻害要因になってきていることがあります。

こうした社会的矛盾を原因とし、現代社会の政治的、経済的、社会的
歪みを反映している「人口減少」の傾向にたいしては、そのために起こ
る労働力不足（人手不足）を、AIやIoTなどによる「生産性の上昇」で
一定程度までは補うことができるでしょう。これまでは人手に頼ってき
た仕事をAIを内蔵した高性能の人型ロボットが代替するようになるこ
とは、ありうることです。そうした変化は、現実に進んでいくものと考
えられます。

AIやロボットなどの技術が発展して、さまざまな産業、職種で広範
に採用されていくならば、社会全体で労働時間を大幅に短縮する条件が
生まれてきます。週40時間制を、週35時間制、さらに週30時間制へ
と発展させていけば、社会全体の雇用の量的減少を労働時間短縮の条件
にすることができます。

しかし、労働時間の短縮のためには、個々の企業に任せておくだけで
はうまくいきません。社会的な対応、国家的な政策がどうしても必要で
す。新しい産業や新しい職種への移動やそのための技術・技能の習得の
ためには、より一貫した国家的社会的な政策と対応が必要です。「少子化」
や人口減少の背景にある現代社会の歪みを是正していくことがどうして
も必要です。つまり、人口減少をAIやロボットなどによって補おうと
すれば、そのためにも、社会制度の面からの対応、政治的、経済的、社
会的な面からの対応を進めることが不可欠だということです。

もともと生命の生産・再生産にかかわる人口問題と物質的生産・再生
産にかかわるICT革命とは、同じ「生産・再生産」という用語を使っ
ていても、その本質は根本的（範疇的）に異なっています。

エンゲルスは、「歴史を究極において規定する要因は、直接の生命の
生産と再生産である」としたうえで、それは二つの種類のもの──「一

方では、生活資料の生産、すなわち衣食住の諸対象とそれに必要な道具との生産」、「他方では、人間そのものの生産、すなわち種の繁殖」であると述べて、両者を明確に区分けしています（「家族、私有財産および国家の起源」1884年初版の序文、ME全集㉑、27ペ）。ICT革命によって、物質的生産力が飛躍的に上昇したとしても、そのことによって生命の生産・再生産にかかわる人口問題の矛盾を根本的に解決することはできません。

　人類史的な視野に立って考えるなら、AIやIoTなどのICT革命の本質は、情報通信技術の革新によって生産力が発展し、「生産の社会化」がますます進展するということです。しかし、その「生産の社会化」は、すでに時代遅れとなりつつある「生産関係」＝資本主義的な利潤追求のあり方との矛盾を深めています。その矛盾は、マルクスが予見した「資本主義的生産諸関係が生産諸力の発展諸形態からその桎梏に逆転する」（「経済学批判」序言）という新しい時代の到来が近づいていることを示しているように見えます。現代社会における基本的な生産関係、すなわち資本主義的生産関係のもとで、AIやIoTの急速な発展がどのように作用するか、──「進化するAIやIoTにたいして、劣化する資本主義」──こうした視点からの分析が求められています。

　AIやIoTの急速な発展、ICT革命などの科学技術の急速な進歩は、人類にとって、搾取制度にもとづく資本主義という社会の仕組みそのものがだんだん時代遅れになりつつあることを示しています。資本主義という生産様式の仕組みそのものが、生産力の飛躍的発展に追いこされて、もはや時代遅れになりつつある。「人口減少」もその一つの現われだと言えるでしょう。

　人類が直面している現代社会の矛盾とたたかって、一歩一歩、政治を変え、経済の仕組みを変えていくこと、そうした社会を変える粘り強いたたかい、国民的運動が必要です。AIやIoTの急速な発展は、それを有効に使いこなせるように、われわれ人間自身、また人類社会全体が、もっと賢く、もっと心豊かに成長することを求めています。

《第Ⅱ部　現代日本の人口政策》

第8章

「人口減少社会」は、
移民の受け入れで乗り越えられるか

　日本では、これまで長い間、「移民」としての外国人労働者の定住を拒否し、裏口から労働力としてだけ外国人を受け入れてきました。しかし、21世紀の日本では、急激な「人口減少社会」が訪れつつあるもとで、あらためて「移民政策」のあり方が問われています。

　第8章では、21世紀の移民問題について、最初に世界的な国際人口移動の動向を概観したうえで、日本の外国人労働者問題、移民問題について考えてみましょう。

(1) 現代の国際人口移動
—— 移民問題は、欧米日諸国にとって21世紀の共通の課題

　2016年6月の国民投票による英国のEU離脱の決定は、中東やEU諸国からの移民・難民の急増が英国の国民の仕事を奪い、社会保障費などの財源を圧迫しているという英国民の不満を背景としていました。たしかに、この10年近くの間に、英国への移民流入数は約100万人も純増しています。続いて、2016年11月には、米国大統領選で米国民は、「メ

第8章　「人口減少社会」は、移民の受け入れで乗り越えられるか

図8-1　国際人口移動（移民、難民）の推移

（人）

		1990　年	1995	2000	2005	2010	2015
移民	世界	152,563,212	160,801,752	172,703,309	191,269,100	221,714,243	243,700,236
	先進国	82,378,628	92,306,854	103,375,363	117,181,109	132,560,325	140,481,955
	発展途上国	70,184,584	68,494,898	69,327,946	74,087,991	89,153,918	103,218,281
難民	世界	18,836,571	17,853,840	15,827,803	13,276,733	15,370,755	19,577,474
	先進国	2,014,564	3,609,670	2,997,256	2,361,229	2,046,917	1,954,224
	発展途上国	16,822,007	14,244,170	12,830,547	10,915,504	13,323,838	17,623,250

（出所）UnitedNations,DepartmentofEconomicandSocialAffairs,PopulationDivisionInternationalMigrant-Stock：MigrantsbyDestinationandOrigin,UnitedNationsdatabase,POP/DB/MIG/Stock/Rev.2015

キシコの国境に移民が入ってこないように壁を作る」とか、「イスラム教徒の入国を禁止する」などと公約したトランプ氏を選びました。さらに2017年のフランスの大統領選挙でも、移民排斥を訴えた極右勢力のルペン氏が多くの国民の支持をえて、決選投票にまで勝ち抜きました。2017年9月に予定されるドイツの総選挙でも、移民・難民問題が重要な争点になることはまちがいありません。

　こうして、欧米諸国では、移民・難民問題は、国際的、国内的な最大の政治的争点の一つになってきています。

1.　移民・難民が急増してきた背景

　国連の資料によると、2015年の世界人口約73億4,947万人にたいして世界の移民の数は2億4,370万人（約3.3％）にも達しています。世界の移民は、1990年に1億5,256万人だったので、その後の25年間に約1.6倍に急増してきたことになります。

　20世紀後半から本格化した資本の多国籍企業化によってグローバリゼーションといわれる経済変動が進んできました。こうした世界史的な動きは、20世紀〜21世紀の国際間の人口移動に、新たな特徴をもたらしつつあります。とりわけ人口動態の世界的な不均等発展が激しくなっていることが、移民の流れを激しくしています。

2. 21世紀には、世界人口の不均等な増加率によって移民・難民はいっそう増大する

20世紀から21世紀にかけて、世界人口は急激な増加を続けています。20世紀の後半の一時期には、世界人口の増加は「人口爆発」と表現されてきました。たんに人口が増加するだけではなく、増加率が年々増えて、増加のスピードに加速度がついていたからでした。

国連は、2年ごとに将来の世界人口の予測（Prospects）を発表しています。国連の予測（2015年改定）から言えることは、次の3点です。

(1) 21世紀の世界では、人口増加が依然として進行して、2050年には97億人、2100年には112億人に増加する。とりわけ発展途上国の人口増加が続いている。

(2) 欧州（および日本など一部のアジア諸国）では、「少子化」や「高齢化」が社会の在り方の急激な変化をもたらす深刻な問題になっている。とりわけ日本の人口減少は、世界史的にも異常な速度で進み始めている。

(3) 人口変動の世界的な不均等発展が激しくなっている。アフリカなどの発展途上国での急激な人口増加、欧州とアジア諸国での「少子化」「人口減少」が進んでいる。そこから国際的人口移動（移民・難民）の新しい波が起こり、国際的に政治問題化するとともに、内政上も焦点の一つになっている。

図8-2　国連の世界人口予測（中位予測）

（100万人）

年＼国	2015	2050	2100	2050/2015の増減
世界	7,349	9,725	11,213	2,376
アフリカ	1,186	2,478	4,387	1,292
アジア	4,393	5,267	4,889	874
ヨーロッパ	738	707	646	▲ 31
ラテンアメリカ	634	784	721	150
北アメリカ	358	433	500	75
オセアニア	39	57	71	18

（出所）「国際連合　世界人口予測（2015年改定版）」（原書房）

第二次大戦後にはじまった発展途上国の「人口爆発」はまだ続いてい

ます。しかし、21世紀に入り、人口増加は続いているものの、増加率はしだいに低減しつつあります。そのために、21世紀末から22世紀に入るとともに、世界人口の増加は静止状態へ向かって収れんするものと考えられるようになってきています。それとともに、21世紀には、世界的な人口の不均衡が激しくなっており、移民問題が焦点になりつつあります。

とりわけ人口減少が続く欧州の場合は、EUによる経済統合によって、モノやカネとともにヒトの移動がしやすくなったという条件が移民・難民の流入に拍車をかけています。また欧州に隣接する中東諸国、西南アジア諸国からの内戦や政治的混乱によって流入する難民が急増しています（UNHCR〔国連難民高等弁務官事務所〕によると、2014年末の難民数は5,950万人）。

「世界人口予測（2015年改定版）」は、次のように述べています。

「経済と人口の不均衡が、近い将来も国際人口移動を力強く生み出し続けるだろう」。「2015年から2050年までに高所得国グループにおける総出生は総死亡を2000万人上回ると予測される一方で、純移動による増加は9100万人に達すると見込まれる。つまり中位予測では、高所得国における人口増加の82％が純移動によるものとなる」。「しかしながら、現水準かそれに近い水準の純国際人口移動数では出生率低下による人口の消失を完全に補うことはできない」。

その結果として、「世界人口予測」では、ヨーロッパは、大量の移民・難民が流入したとしても、2015年にくらべて2050年には人口減が3,100万人、2100年までには人口減が9,200万人に達すると予測されています。

(2) 日本の場合 ──「外国人労働者」政策の失敗

日本の国民は、国際ニュースによって、英国のEU離脱の国民投票や米国やフランスの大統領選挙で、移民・難民の問題が大きな政治的争点

第Ⅱ部　現代日本の人口政策

になっていることをよく知っています。しかし、いざ日本のことになると、"日本は移民を受け入れない稀有の国"であるということを知っている人はあまりいません。

　安倍内閣が 2017 年 3 月に決めた「働き方改革実行計画」のなかでも、「高度な技術、知識等を持った外国人材のより積極的な受入れ」はおこなうが、「専門的・技術的分野」でない労働者の受け入れは、「日本人の雇用への影響、産業構造への影響、教育、社会保障等の社会的コスト、治安など幅広い幅広い観点から、国民的コンセンサスを踏まえつつ検討すべき問題」なので、あくまでも「移民政策と誤解されないような仕組み」が必要だ、などと強調しています。

1. 移民としての外国人の定住を認めない国

　戦後の日本では、移民だけではなく、外国からの単純労働者の入国も、厳しく制限してきました。敗戦直後には人口が急増して過剰人口が失業・雇用問題を悪化させていたために、新たな労働力としての移民の流入は認めずに、移民政策そのものが存在しませんでした。

　法制的には「出入国管理令」で出入国をコントロールし、朝鮮などの旧植民地出身の定住者を特例的に認めてきましたが、そうした人たちにさえ、長い間、「外国人登録令」でその移動を厳しく制限してきました。1952 年の入管法では、外国人登録証の常時携帯・提示義務、指紋押捺制度を導入し、後者は 1999 年の法改正（施行は翌年）で完全撤廃されるまで続きました。

2. 1990 年の入管法改正 —— 日系人だけを労働力として受け入れ

　1980 年代の後半、バブル景気のなかで労働力不足が叫ばれるようになったときに、ブラジルなどの日系人を労働力として受け入れるために、出入国管理及び難民認定法（入管法）が改正され、1990 年 6 月に施行されました。

120

1990 年代には多数の日系人が居住するようになりました。1990 年の入管法改正で日系 2 世や 3 世またはその配偶者は、就労活動は制限のない在留資格（日本人配偶者等もしくは定住者）が与えられ、唯一「公認」された「合法的な非熟練外国人労働者」として受け入れられたからです。日本政府は、政策上、製造業や建設業、サービス分野での単純労働の外国人は受け入れないという方針を定めていますが、（不法滞在者以外は）日系人が唯一間接的に合法化された労働者でした。

ブラジルからの日系人は、最高時には約 32 万人といわれていました。しかし、2008 年の世界金融危機のあと、製造業をはじめ大量の「非正規切り」がおこなわれたさいに、日系ブラジル人の失業者が急増しました。そのために帰国者が増大して現在では約 18 万人にまで減少してきています。

3.「技能実習制度」の名による、裏口からの単純労働力の受け入れ

すでに 1950 年代後半から研修制度の導入がおこなわれていましたが、1993 年 4 月からは「技能実習制度」の名目での単純労働者の受け入れがはじまりました。2010 年には「技能実習」（最長 3 年間のうち後半は就労して技能を磨くというもの）という新たな在留資格に格上げされて、労働法も適用されるようになりました。こうして、「研修」や「技能実習」という名目で労働力不足への対応がなし崩しでおこなわれてきました。

しかし、こうした名目と実態の乖離した姑息な制度のために、仲介者や雇い主による低賃金、残業手当の不払、さまざま名目での賃金カット、強制貯蓄、パスポートの取り上げ、保証金・違約金の口実での拘束強化、性的暴力などなど、人権侵害が横行してきました。

こうした日本の外国人労働者政策は、国際的には、国連の自由権規約委員会、国連人権理事会、国連女性差別撤廃条約委員会などから数多くの批判が繰り返しおこなわれてきました。さらに米国務省の人身売買報告書でも、2007 年以来、毎年とりあげられてきました。

第Ⅱ部 現代日本の人口政策

4. 安倍内閣の「外国人技能実習法」（2017 年 11 月施行）

安倍内閣は、2016 年 11 月に外国人技能実習の期間を 5 年に延長し、対象に「介護」などを加える「外国人技能実習法」を成立させました。「国際貢献」の看板をかかげて、実際は、国内で不足する労働力をアジア諸国から大量に受け入れようというねらいです。2017 年 11 月からの同法施行へむけて、すでに 1 万人規模の「介護」をはじめ、「建設」「食品」「機械・金属」「農業」などの職種で受け入れ計画が予定されはじめています。こうした「技能実習制度」の推進は、従来の無原則な路線の延長であり、矛盾をいっそう拡大し、長期的にみて破綻せざるをえないものです。

5. 日本の難民政策の失敗

国際社会から、日本の難民認定基準は厳しく批判されています。日本で 2016 年に難民認定申請をした外国人は 1 万 0,901 人で、過去最多だった 2015 年（年間 7,586 人）を大きく上回りました。しかし、難民認定はわずかに 28 人だけ、0.26％の認定でした。

日本の難民の認定は、「出入国管理および難民認定法」によって行われています。同法は、かつては出入国管理令と称していましたが、出入国者の公正な管理と難民認定手続を整備するために制定されました。外国人の入国・上陸・在留・出国・退去強制、日本人の出国・帰国などに関して規定しており、同法にもとづいて、法務省が出入国管理統計を作成しています。

（3）日本経団連の「日本型移民政策」の提案
—— 安上りの労働力確保を狙う

日本の財界は、短期的な労務管理政策（非正規雇用、賃金抑制）と長期的な労働力確保（「少子化」対策）との間のトレードオフを「解決」する手っ取り早い策として、「日本型移民政策」の提案をはじめています。

日本政府は、これまでも財界の意向にそって、1999 年 7 月の閣議決

122

第8章 「人口減少社会」は、移民の受け入れで乗り越えられるか

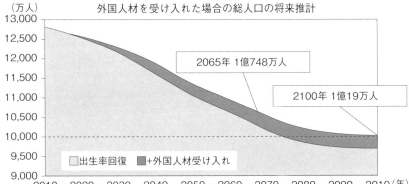

図8-3 財界の「日本型移民政策」の移民受け入れ計画

(注)「＋外国人受け入れ」は、合計特殊出生率を2020年に1.8、2030年に2.07まで高めつつ、2020年代～2030年代にかけて外国人材200万人の受け入れ・定住を実現した場合の総人口。
(出所) 日本経団連『人口減少への対応は待ったなし』(2015年4月) より

定で「専門的・技術的分野の外国人」を積極的に受け入れる方針を決定し、また単純労働者についても、研修実習生の名目で、かなり多数の労働者を受け入れてきました。しかし、財界は、本格的な移民の受け入れについては、これまでは慎重な態度をとっていました。財界が「移民政策」に大きく動き出したのは、2004年4月に発表した「外国人受け入れ問題に関する提言」でした。この「提言」では、単純労働者の受け入れのための3原則を提案し、政府が積極的に準備を進めることを要求しました。

日本経団連は、2008年10月14日に発表した「人口減少に対応した経済社会のあり方」のなかで初めて積極的に「日本型移民政策」を打ち出し、次のように移民の導入を推進する方針を示しました。

「本格的な人口減少下において、持続的な経済成長を実現し、また経済社会システムが安定的に機能していくためには、年間で相当の規模の外国人材を積極的に受け入れ、定着を図っていかなければならない」。「とくに労働力不足が予想される分野（製造業、建設業、運輸業、農林水産業、介護等）での技能を有する労働者を、労働需給テストの

第Ⅱ部　現代日本の人口政策

導入を前提として、在留資格の拡大、要件緩和等を通じ、積極的に受け入れていくことが必要である」。

この「提言」では、日本の人口減少による移民受け入れ人数についての2つ試算が紹介されています。1つは国連の試算で「2050年時点で総人口のピーク時（2005年）の水準を維持するために必要な外国人流入数は、累計で1,714万人（年平均38万人程度）」、もう一つは経済産業省の試算で「生産年齢人口のピーク（1995年）を維持するためには、単純計算で2030年までに約1,800万人（年平均50万人程度）」が必要になるというものです。これらの試算にたいし、財界の2008年10月の「提言」では、「しかし、わが国の外国人材の受入れ体制の整備や定住化のための社会統合政策が進まなければ、それだけの規模で外国人が増え続けることは期待できない」としていました。

財界の「日本型移民政策」は、2015年1月の経団連ビジョン『「豊かで活力ある日本」の再生』のなかで、「少なくとも、2030年代に外国人材の数は現在から倍の400万人」というKPI（数値目標）をかかげるまでになりました。これを受けて、2015年4月の財界提言「人口減少への対応は待ったなし」では、移民400万人の目標を達成するために、「2020年代から2030年代の20年間にかけて毎年10万人ずつの外国人材の受入れ・定住を実行」と、さらに踏み込んだ提案をしています。

21世紀のグローバル化した世界のなかで、人材が国際的に交流することは必然的な動きであり、その意味では、日本の総人口に占める外国人が増加することは予想されます。しかし、財界が「少子化」対策として「日本型移民対策」の名で「外国人材の倍増」をかかげているのは、財界が懸念する労働力不足対策として安上りの移民の流入・定住を図ろうということにほかなりません。

124

（4）ILO 条約などの国際的原則の立場に立つ

　日本の戦後の外国人労働者の扱いは、国際的な基準にもまったく違反しています。ILO（国際労働機関）は、移民などの労働者の権利と労働条件を保護するために、重要な条約や勧告を採択しています。しかし日本を含め多くの先進諸国は、戦前の1922年に採択された移民統計に関する勧告（勧告22）を批准しているだけで、現在有効な条約第97号と条約第143号、勧告第66号と勧告第151号を批准していません。

　このうち1949年に採択された条約第97号（移民労働者に関する条約）は、1939年の「移民労働者条約」を改正したもので、各国政府に、次のことを義務づけています。

　①出入国に関する法令・規則・労働条件・その他の情報をILO事務局等に提供する。

　②移民労働者を援助する施設や医療施設を維持する。

　③労働条件・宿泊設備・社会保障・その他に関して内外人均等待遇を行う。

　④移民労働者の所得及び貯金の一部を移民の希望するように移送するのを許可する。

　⑤移民労働者が入国後にかかった疾病や傷害のため、職業を遂行できなくなった場合、当事者の希望する場合以外には出身地に送還されない。

　⑥この条約は、国境労働者・自由職業に従事する者・芸術家の短期間の入国・海員には適用されない。

　この移民条約と勧告が採択されたのちにも、1955年に移住労働者保護（低開発国）勧告（第100号）1958年の差別待遇（雇用及び職業）（第111号）条約、1962年に均等待遇（社会保障）条約（第118号）が採択されましたが、その後も、不正かつ秘密裡の労働力取引が多くの国で多発

第Ⅱ部 現代日本の人口政策

しました。そこで、移民にかかわる悪弊を除去するために、補足する条約として移民労働者（補足規定）条約（第143号）と移民労働者勧告（第151号）が同時に採択されました。そのなかで、移民労働者の機会及び待遇の均等、社会政策（家族の同居、移民労働者の健康保護、社会サービス）、雇用、住居などについて細かく定めています。ただし、国民的利益のために必要な場合は、限られた種類の雇用・職務に就く機会の制限は許されています。

ILOの移民労働者の条約・勧告を前提として、国連は1990年の総会で「全ての移住労働者及びその家族の構成員の権利の保護に関する国際条約」を国際人権条約の一つとして採択しています。しかし、日本を含む先進諸国は、「移住労働者の増加による国内の失業や治安の悪化などを懸念」していまだに批准していません。

日本で求められることは、移民労働者に関するILO第97号・第143号等の条約を批准する条件として、国内措置として、賃金ダンピングが起きることがないよう日本の最低賃金制度を抜本的に改善することなど、日本の賃金水準を下回る安価な労働力としての受け入れができない仕組みを、国民的な合意形成のもとで早急に構築していくことです。

国内法である労働基準法でも、第3条の（均等待遇）で、次のように規定しています。

「第三条　使用者は、労働者の国籍、信条又は社会的身分を理由として、賃金、労働時間その他の労働条件について、差別的取扱をしてはならない」。

この条項からみても、日本の外国人労働者の扱いはまったく違反しています。「技能実習生」だから労働者ではない、などという口実はとおりません。

（5）「少子化」対策の失敗を「移民」で補うことはできない
—— 真の多文化共生社会をめざし、国際基準による「移民基本法」を

　出生率の回復、人口置換水準の回復のためには、日本国内の社会的条件を抜本的に改革することが必要であり、「少子化」対策の失敗は、多文化共生の社会的条件を整えることの失敗と共通しています。

　すでに述べたように、これまでの日本の外国人労働者政策は、その人権無視、劣悪な労働条件にたいして国際社会から厳しい批判を受けてきました。こうした受け入れ条件の是正なしで、「日本型移民政策」などと称して、安価な労働力対策としてのなし崩しの移民の拡大は基本的に誤っています。

　国際社会からの厳しい批判には耳を貸さずに、移民労働者にかんする国際的基準である ILO 条約も批准せずに、「日本型移民政策」などと称して、海外から移住してきた人々の人権や日本で働く条件、社会保障や教育、生活する社会的体制などを十分に整備しないまま、安価な労働力対策として移民を拡大することは、けっして許すべきではありません。「少子化」対策の失敗を、無原則ななし崩しの移民政策で補おうとしても、けっして成功しないでしょう。

　「少子化」対策の失敗は、それ自体として真摯に反省して、人口置換水準の回復をめざして、根本的な政策の転換をはからねばなりません。

　移民政策については、なによりもまず早急に ILO 第 97 号・第 143 号等を批准できる条件を整えるべきです。そのためにも、国民的な議論を十分尽くしたうえで、真の多文化共生社会をめざすことを明確にした「移民にかんする基本法」を制定することが必要になるでしょう。(注)

　本章の（1）節でみたように、21 世紀の世界では、国際的な人口移動は避けられない流れとなっています。それは、人類が真の多文化共生の文明社会として発展する条件でもあります。「移民にかんする基本法」は、従来の日本の「技能実習制度」などを廃止して、労働者の国際的移動を

原則的に認める立場に立って、国籍による労働条件の差別を禁止している労働基準法第3条の厳格な順守、外国人労働者の受け入れ条件の規定、違反者（雇い主）への罰則などを明確にするものです。また、外国人労働者とその家族が安心して暮らせるように、住宅、教育、社会保障などの制度的、社会的な条件を国と自治体の責任で整えることが必要です。

　日本の歴史を振り返ってみても、かつての原始・古代の時代には、アジア諸民族との活発な人的な交流がおこなわれていました。今日の日本文化の源流は、まさに人的交流による多文化共生のもとで形成・発展してきたものです。

　しかし、日本の近現代史においては、江戸時代に封建支配を維持・強化するための「鎖国」によって外国との交流が禁止され、明治維新以後は、天皇制国家によって近隣諸国への侵略と収奪、民族的支配の時代が続いてきました。戦後の日本では、戦前の歴史的な負の遺産にたいする明確な反省がなされないまま、資本主義的な経済成長が追求されてきたために、近隣諸国との真に共存共栄の立場からの人的交流もさまざまな困難をもたらしてきました。21世紀に日本がめざすべき真の多文化共生の社会は、こうした戦前以来の歴史にたいする反省を前提にしてこそ実現することができるでしょう。

> （注）　自民党の国会議員で構成する国際人材議員連盟なるものが、かつて2008年5月に「外国人の定住を推進するために、移民庁を設置して、50年間で移民1000万人を受け入れる」などという移民政策の「提言」を出したことがある。これは、日本社会の革新的な変革の展望なしの、むしろ体制維持のための移民政策であり、安倍政権のもとで雲散霧消して、同議員連盟自体が2016年8月には解散した。本章で提起する「移民基本法」は、こうした自民党の党利党略的な移民政策とはまったく趣旨を異にする。

コラム

移民と難民の定義

　移民は、一般に、労働を目的に国境を越えて移住することを意味するのにたいして、難民は、対外戦争、民族紛争、人種差別、宗教的迫害、思想的弾圧、経済的困窮、自然災害、飢餓、伝染病などの理由によって

国を強制的に追われた人々を指しています。

【移民の定義】狭義には、国籍国とは異なる国に、永住を前提として移住する者、またはそうした行為をいうが、単に移住する者またはその行為を指す場合もある。日本では永住を目的とする移住に限定して用いられる場合が多い。一国を基準として見た場合、国外に移住していく人々（emigrant）またはその行為（emigration）を「出移民」、自国に移住してくる人々（immigrant）またはその行為（immigration）を「入移民」と呼ぶ。移民の類型には、①国家権力の介入とのかかわりで、強制移民、半強制（契約）移民、自発的移民、②生活基盤のあり方から、一時的（出稼ぎ）移民、恒久的移民、③移民の動機から、植民、労働力移動、難民、頭脳流出などがある（『現代人口辞典』の「移民」の定義を参考に要約）。

※国際移住機関（IOM = International Organization for Migration）世界的な人の移動（移住）の問題を専門に扱う1951年に設立された政府間委員会の国際機関（国際連合総会オブザーバー資格）。加盟国は162カ国（2015年12月現在）、日本は1993年加盟。

【難民の定義】「難民の地位に関する条約」によると、①人種、②宗教、③国籍もしくは特定の社会的集団の構成員であること、または④政治的意見を理由として迫害を受けるおそれがあるために、国籍国の保護を受けることができない人のこと。難民の申請者は、受け入れ国の定める手順に従って申請をおこない、難民に該当すると判断されること（難民認定）によって条約難民となる。また広義には、紛争や自然災害などのために国籍国を離れざるを得ない人を指し、政治難民（亡命者）、環境難民、宗教難民、経済難民などと呼ばれる場合もある（『現代人口辞典』の「難民」の定義を参考に要約）。

※国連 難民高等弁務官事務所（UNHCR = Office of the United Nations High Commissioner for Refugees）1950年に設立された国際連合の難民問題に関する機関。125カ国、6,400万人を支援中。

《第Ⅱ部　現代日本の人口政策》

第9章

21 世紀の人口政策
── リプロダクティブ・ヘルス／ライツの考え方

　21 世紀の人口政策について考えるさいには、1994 年にエジプトのカイロで開かれた国際人口開発会議（ICPD）で提唱されたリプロダクティブ・ヘルス／ライツ（性と生殖に関する健康と権利、sexual and reproductive health and rights = SRHR）の概念が重要です。

　第 9 章では、人口政策の国際的な到達点ともいえる SRHR（リプロダクティブ・ヘルス／ライツ）の内容と意義、その特徴について説明しておきましょう。

(1) 安倍内閣の「女性手帳」の失敗
──「少子化」対策の教訓

　安倍（第 2 次）内閣は 2013 年 6 月に「少子化危機突破のため緊急対策」を決めましたが、その準備のための作業部会として「少子化危機突破タスクフォース」を 2013 年前半（第Ⅰ期）に開きました（同年後半から 14 年まで第Ⅱ期を開催）。その第Ⅰ期のタスクフォースの議論で大きな話題となったのが「女性手帳」の問題でした。これは、政府が若い女性を対

130

象にして、妊娠や出産に関する知識や支援策を記した「生命（いのち）と女性の手帳（仮称）」を作成し、配布するというプランでした。

タスクフォースのなかに設けられた「妊娠・出産検討サブチーム」の提案資料では、この「女性手帳」の内容は、「妊娠適齢期等妊娠・出産に関する知識や妊娠・出産支援に関する情報を記載した『啓発・学習部分』と、自らの健康データ等を記録する『記録部分』の２部構成を想定」し、「子宮頸がんワクチン接種時、高校・大学入学時、成人式、企業就職時など、思春期から機会を捉えた複数回の配布」を予定していました。さらに提案では、「（平成）26 年度予算要求において、『生命と女性の手帳』等普及啓発事業を盛込む」ことまで計画していました。

こうした「女性手帳」についてのサブチームの提案は、タスクフォースの会議に報告されて、いろいろな意見が交わされました。公表されている議事録を読むと、「情報提供は大事であるが、誤解を受けないようにすることが大事」という懸念も表明されていますが、総じて、「意識を変えていくということが極めて大事」、「妊娠しにくくなるということを知らずに不妊になってしまったという方がすごく多いので、若いうちから教育していくことは非常によい」などという賛成意見が多く表明されています（内閣府のホームページによる）。

しかし、「女性手帳」の構想がマスメディアで報道されると、国民からいっせいに批判の声があがりました。女性団体からは、強い懸念の意見が相次いで、国会でも取り上げられました。当時の森まさこ少子化担当大臣は、「『女性手帳』についての報道は誤報である。まだ何も決まっていない」という趣旨の答弁をせざるを得ませんでした（2013 年 5 月 9 日の参議院内閣委員会）。

こうして、「少子化危機突破タスクフォース」が安倍内閣に提出した「『少子化危機突破』のための提案」（2013 年 5 月 28 日）のなかには、「女性手帳」は盛り込まれずに、次のようになりました。

「妊娠・出産、更にその後の子育てについては、女性と同様に男性

に対する情報提供・啓発普及を進める必要がある。この趣旨から、女性のみを対象とするかのような印象を与える名称や表現は避けることが適当である」。「女性及び男性を対象とした多様な情報提供の充実を図る観点から、提供する情報内容・時期・方法等について専門的な検討を行う『情報提供・啓発普及のあり方に関する研究班』を平成25年度中に設置し、具体的な施策を検討する」

安倍内閣の「女性手帳」の失敗の経過から考えるべきことは何でしょうか。こうした手帳発行の背景にあるのは「女性が子どもを産まないのは女性の知識不足のせい」という考え方です。日本の出生率が低いのは、「日本の政治、経済、社会の在り方が子どもを生み、育てにくいからだ」という認識がない、希薄だということです。子どもを生み、育てることは、女性だけの力で、女性だけの責任でおこなわれるものではありません。それなのに、「女性手帳」の名称で女性だけに手帳を配ることになれば、子どもを産む、育てることの負担が、女性にばかりかたよってしまうことになります。

(2) 人口政策の国際的基準
—— リプロダクティブ・ヘルス／ライツ（SRHR）

子どもを産む産まない、子どもの数、出産の時期や間隔などは、「少子化」対策の名で国によって上から定められるものではありません。それは、すべてのカップル（女性と男性）、すべての個人が、自由にかつ責任をもって決定でき、そのための情報と手段を得ることができる権利であり、その権利—リプロダクティブ・ヘルス／ライツ（SRHR＝注）は、国連での合意と国際法にもとづいた基本的人権の一つです。

（注）SRHR "sexual and reproductive health and rights"（性と生殖に関する健康と権利）の略語。reproduction（生殖）のみならず sexual（性）の健康と権利にも力点が置かれている。セクシュアル・ヘルス／ライツは、リプロダクティブ・ヘルス／ライツに含まれるとして省略される場合が多い。

第9章　21世紀の人口政策

　1994年の国際人口開発会議（ICPD、カイロ会議）で提唱されたSRHRは、1995年の第4回世界女性会議（北京会議）でも採択文書に明記されました。妊娠、出産は、女性の問題であるだけではなく、性と生殖に関する男女の平等な関係、同意、共同の責任であり、権利であることが広く認識され、とくに男性の性に関する役割と責任も強調されることとなりました。

　リプロダクティブ・ヘルス／ライツは、人間の生殖システムおよびその機能と活動過程のすべての側面において、単に疾病、障害がないというばかりでなく、身体的、精神的、社会的に完全に良好な状態にある権利を指します。したがって、リプロダクティブ・ヘルス／ライツは、すべてのカップル（女性と男性）が安全で満ち足りた性生活を営むことができ、生殖能力を持ち、子どもを持つか持たないか、いつ持つか、何人持つか、を決めることができる自由を意味します。すべてのカップルと個人が、自分たちの子どもの数、出産間隔、出産する時期を自由にかつ責任をもって決定でき、そのための情報と手段を得ることができるという基本的権利です。

　リプロダクティブ・ヘルス／ライツは、女性には妊娠・出産をコントロールできる権利、基本的人権としての「女性の自己決定権」があることを意味します。また、男性にも、子どもを持つ権利と自由があることを意味します。さらに、男性には、「女性の権利を守る義務」と「子どもの権利を守る義務」も課せられます。男性が女性と子どもを守る義務を果たすためには、ワーク・ライフ・バランスの保障、経済的・社会的・政治的条件も必要です。

　性は生まれたときから決められており、選ぶことはできません。女性は妊娠して産む性です。しかし、生殖（リプロダクション）、即ち、妊娠することは、男女の同等の責任であるべきで、そのためには正しい性の知識が男女ともに必要になります。生命の誕生は、人間の生涯のなかでも最も重要な男女共同の大事業です。

　生殖作用即ち妊娠は、男性にも責任のあることですが、妊娠するのは

第Ⅱ部　現代日本の人口政策

女性だけであり、出産・授乳も女性特有の機能です。したがって、女性は男性とは異なる健康上の問題に直面します。女性には、思春期には初経があり、その後は毎月の月経についてのトラブル、胎児を育てる子宮には、子宮内膜症、子宮筋腫、子宮がんの発生、乳がんの問題などがおこってきます。また、望まない妊娠で人工妊娠中絶にいたれば、身体も心も傷つきますし、それが更年期障害の誘因になることも稀ではありません。リプロダクティブ・ヘルスは、性の問題、思春期の問題、妊娠、出産、中絶、避妊、不妊、性感染症、更年期障害の問題などを克服し、女性が生涯にわたって健康を保持する権利を有することを意味します。

　このように女性の生涯の健康を保障することは、男女のカップルの共通の課題であり、社会全体で保障しなければなりません。リプロダクティブ・ヘルス／ライツを貫いているのは、こうした考え方です。

（3）SRHR の特徴——リプロダクティブ・ヘルスと
従来の家族計画・母子保健との違い

　リプロダクティブ・ヘルス／ライツの考え方そのものは、これまでの家族計画・母子保健のなかでも指摘されてきたことでした。では、従来の家族計画・母子保健とリプロダクティブ・ヘルス／ライツの考え方とは、どこが違っているのでしょうか。以下、研究者の解説をもとに、その違いを要約しておきましょう。

　①リプロダクティブ・ヘルスは、15 ～ 49 歳の生殖可能な年齢層の女性の健康だけではなく、生涯にわたる幅広い健康を指す。また、女性は単に子どもを産む期間だけ健康に留意していればよいというのではなく、人間として、生活周期の視点で健康管理をする重要性を指摘するものである。

　②リプロダクティブ・ヘルスは、従来縦割りの行政構造の中で孤立して対処されていた家族計画・母子保健と性感染症・HIV ／エイズを含

134

む他の生殖に関する健康問題とを連携させた包括的なアプローチを目指すものである。

　③従来の家族計画プログラムでは、男性のニーズ・役割・責任および若者の特別なニーズについて適切に対処しているとは言い難い。リプロダクティブ・ヘルスの活動ではこれらの問題に対して十分な配慮をすることが要求されている。また、他のリプロダクティブ・ヘルスの分野においても（例えば、性感染症や HIV ／エイズなど）男性の役割と責任について言及している。

　④リプロダクティブ・ヘルスは家族計画に関する個人とカップルの権利、特に家族計画の方法を選ぶ権利を訴えている。現在は、個人とカップルに家族計画の手法を選ぶ機会がまったく与えられていないか、与えられていても不十分もしくは不適切な場合が多い。リプロダクティブ・ヘルスは、個人とカップルが家族計画を利用する権利と個人にとって適切と思われる家族計画の方法を選ぶ権利を訴え、さらにはその権利を享受できるようなヘルスケアと情報の充実を保証することもうたっている。

　⑤リプロダクティブ・ヘルスは、女性に対する暴力が大きな健康問題となると指摘している。特に、強姦、性的虐待、人身売買および強制売春、女性の性器切除を含めた有害な伝統的慣行は、多くの場合「性と生殖」の枠内で発生する女性への暴力である。また、女性の身体的のみならず精神的健康に悪影響を及ぼす暴力に対処することもリプロダクティブ・ヘルスの重要な課題といえる。

　（出所）佐藤都喜子「リプロダクティブヘルス／ライツ：性的自己決定権へ向けて」（『開発とジェンダー：エンパワーメントの国際協力』、2002）JICA リプロダクティブヘルス資料などをもとに要約。

第Ⅱ部 現代日本の人口政策

(4) 人口政策がリプロダクティブ・ヘルス／ライツへ発展した歴史的経過

　リプロダクティブ・ヘルス／ライツの基礎となる概念は、1960年代後半からしだいに生成し、発展してきたものでした。しかし、1965年の第2回世界人口会議（ベオグラード会議）までは、人口会議は、もっぱら人口学の学術会議でした。

　1968年の第1回国際人権会議（テヘラン会議）で女性の人権の重要性が議論され、「両親は自由に、かつ責任を持って子どもの数と産む時期を決定する基本的権利と、これを実行するために適切な教育と情報に接する権利を有する」という文書が採択されました。1974年にブカレストで開催された第3回世界人口会議では、家族計画は、「すべてのカップルならびに個人」の権利と宣言されました。しかし、ブカレスト会議では、開発途上国の高い出生率の低下をめぐる議論において、フランス語圏のアフリカ、中南米の大部分、およびアジアの一部を含む多数の国が、母子保健を超えたデータ収集と人口関連活動にたいし態度を決めかねていました。

1. 人権としての家族計画と経済発展のための開発計画

　第3回世界人口会議の1年後の1975年にメキシコシティで開かれた第1回世界女性会議では、家族計画の権利はジェンダーの平等にとって不可欠であるという点で意見の一致をみました。

　その後、同じメキシコシティで1984年に開かれた第4回国際人口会議は、「社会生活に十分参加できる自由を女性に提供するために」、男性は家族計画と育児の責任を分担しなければならず、これは「人口政策関連の目標を含む開発目標の達成に不可欠な目的」であると指摘しました。また、1984年の会議は、子どもの数を制限したり産む間隔をあけたいと望みながら、避妊方法を利用できないカップルの大規模な「家族計画

の満たされないニー
ズ」に注意を喚起し、
出産可能年齢のカップ
ルの数が今後10年間
で増加するとともに、
そのニーズも急増する
と強調しました。

1992年のリオデジャ
ネイロの国連環境開発
会議は、急速な人口増
加が持続可能な開発を
阻む深刻な障害となる
ことを確認しました。
しかし、これに対処す
るための行動について
はなんの合意も得られ
ませんでした。その一
因には、発展途上国に
は家族計画プログラム
にたいする根強い不信があったからです。

図9-1　ＳＲＨＲ（リプロダクティブ・ヘルス／ライツ）への歩み

1950～60年代			
	54年	第1回世界人口会議	ローマ
	65年	第2回世界人口会議	ベオグラード
	67年	女子差別撤廃宣言	（国連総会）
	68年	第1回国際人権会議	テヘラン
1970～80年代			
	74年	第3回世界人口会議	ブカレスト
	75年	第1回世界女性会議	メキシコシティ
	80年	第2回世界女性会議	コペンハーゲン
	81年	女子差別撤廃条約発効	
	84年	第4回国際人口会議	メキシコシティ
	85年	第3回世界女性会議	ナイロビ
1990年代			
	90年	子どものための世界サミット	ニューヨーク
	92年	国連環境開発会議	リオデジャネイロ
	92年	国際栄養会議	ローマ
	92年	世界人権会議	ウィーン
	94年	国際人口開発会議	カイロ
	95年	第4回世界女性会議	北京
	99年	国連特別総会（ICPD＋5）	（国連総会）
2000～			
	2000年	ミレニアム開発目標（MDGs）	（国連総会）
		国連特別総会（北京＋5）	（国連総会）

2.「リプロダクティブ・ヘルス／ライツ」の確立

国際的な人口政策の行き詰まりの状態を打破したものこそ、開発目標を人権と女性の進出に結びつけた1994年のカイロ会議でした。カイロ会議の名称は、「国際人口開発会議」（ICPD＝International Conference on Population and Development）となり、人口問題と開発問題が結合され、画期的な「行動計画」が採択されました。

1994年までの20年間に、多くの国際的議論の場で人権を詳細に検討

する過程のなかから新天地が開かれたのです。その人権のなかには、開発と健康に関する権利、女性の権利と子どもを産むことに関する決定権が含まれていました。ICPD カイロ会議では、これらの権利をまとめて、リプロダクティブ・ヘルス／ライツという新しい概念を打ち出したのです。

リプロダクティブ・ヘルス／ライツは非常に多岐にわたり、ライフサイクルを通じてのリプロダクティブ・ヘルスおよびセクシュアル・ヘルスにたいする権利：自由意思により結婚を選択する権利や子どもの数と出産の時期や間隔を決めるための情報と手段をもつ権利などの妊娠・出産に関わる自己決定：人生のあらゆる側面における女性と男性の平等と公正：性暴力や性的強要からの自由を含む性と生殖に関する安全保障、などなどが含まれています。これらは人権に関するさまざまな協定や条約、国際合意に明記されるようになりました。

3. 人口政策の内容の展開

リプロダクティブ・ヘルス／ライツという概念の導入は、「人口増加が経済開発を阻害する」というマクロ的視点のみに立ったそれまでの人口政策の考え方に終止符を打つことになりました。

1994 年のカイロ会議を境に、国連諸機関をはじめ各国は、既存の家族計画のプログラムにリプロダクティブ・ヘルス／ライツの概念を反映させ、諸政策の変更をおこなうようになりました。人口政策への取り組みが、ジェンダー間の平等や女性のエンパワーメント（地位と能力の向上）、リプロダクティブ・ヘルス／ライツの推進へと内容が発展していきました。カイロ会議の準備段階で、政府や市民社会のなかでリプロダクティブ・ヘルス／ライツを支持する人たち、とくに女性グループは力を結集し、これらの了解事項が確実に人口と開発の問題に取り組む新しい「行動計画」の基礎となるよう働きかけました。

カイロ会議では、ICPD ／カイロ行動計画（20 ヵ年計画）が採択され

ました。この行動計画では、全参加 179 カ国の合意により、「リプロダクティブ・ヘルス／ライツの実現が、人間を中心とした持続可能な開発と人口の安定にとって前提条件である」ことが国際的に認知されました。

4. 国連の MDGs から SDGs への展開

2000 年 9 月の第 55 回国連総会（ミレニアム総会）において、日本を含む 149 カ国の国家元首の支持を得て、ミレニアム開発目標（Millennium Development Goals：MDGs）が採択されました。策定された 8 つの開発目標のうち 4 目標が、リプロダクティブ・ヘルス／ライツに直接的に関連しています。国際機関および各国のリプロダクティブ・ヘルス／ライツの分野の協力においては、カイロ行動計画とともに、この MDGs 達成も併せて重要な指針となっています。

2015 年 9 月の第 68 回国連総会では、MDGs（ミレニアム開発目標）を引き継いで、193 のすべての国連加盟国が 2030 年までに取り組む行動計画 SDGs（Sustainable Development Goals）＝「持続可能な開発目標」を全会一致で採択しました。SDGs は、「誰も置き去りにしない（Leaving no one left behind）」を共通の理念に、17 課題と 169 項目の具体的な目標をかかげています。SDGs の目標 3〔健康と福祉〕と目標 5〔ジェンダー平等〕には、内容的に SRHR（リプロダクティブ・ヘルス／ライツ）の趣旨が取り入れられ、SDGs の達成に向けてその重要性が記されています。

(資料) 本章は、1997 年版『世界人口白書』（世界人口基金）、JICA：調査研究『開発課題にたいする効果的アプローチ－リプロダクティブヘルス－』（2004 年 8 月）、JOICFP（ジョイセフ）：年次報告書（2014 年度、15 年度）などの分析を参考にしてまとめました。

《第Ⅱ部　現代日本の人口政策》

第10章

日本の「少子化」対策のために
── 日本資本主義のあり方が問われている

　第10章では、国民的な立場に立つとき、年々深刻さを増している人口減少と「少子化」問題にどのように対応すべきか、21世紀の日本で求められる基本的方向を8つの視点から整理しておきましょう。この8つの視点は、本書の政策的主張点のまとめでもあります。

第1　現代日本の「資本主義のあり方」への反省、　　　利潤最優先主義からの脱却。

　現代日本の人口減少と「少子化」現象の根源は、ただ目先の利益さえ極大化すればよいという日本の大企業の短期的な経営戦略の行き着いた先、個別企業の「合理性」の極限的な追求のもたらした「合成の誤謬」の必然的帰結にほかなりません。

　また、そのような財界・大企業の経営戦略にそって、歴代の自公政権が「新自由主義」路線を推進して、日本資本主義をますます野放図な、利潤最優先の体制に変えてきたこと、そうした「資本主義のあり方」が人口減少と「少子化」に拍車をかけてきたといえます。この、いわば「資

第10章　日本の「少子化」対策のために

本の失敗」「日本資本主義の失敗」とでもいうべき現実を直視し、曇りのない率直な認識をもとに「少子化」の根源を追究して、根本的に反省しないならば、「人口減少社会」から脱却することはできないでしょう。

第2　人口政策の国際的基準、
　　　リプロダクティブ・ヘルス／ライツの実現。

　人口問題は、単に経済政策や社会政策のあり方だけで決まるものではありません。人口の動態は、労働によって物を作ることのように短期的に動かせる問題ではありません。人口問題は、人間の生命の活動、生命の再生産にかかわる問題です。

　人口問題の探求は、経済問題、政治問題、社会や教育の問題など社会科学的な接近方法だけでなく、妊娠、出産、保健、医療などの医学的・生物学的な接近方法も深くかかわっています。また結婚や育児、家族の問題、避妊や中絶など、宗教や文化の問題ともかかわっています。結婚、出産、死亡などは人間の一生にかかわることですから、個々人の人権や倫理的哲学的問題にも関係してきます。

　人口政策の国際的基準であるリプロダクティブ・ヘルス／ライツ（性と生殖に関する健康・権利）は、こうした総合的な取り組みを求めています。

第3　人間らしい労働と生活をめざす改革、
　　　ディーセント・ワークの実現。

　「少子化」対策のカギは、労働法制のあり方を根本的に見直して、人間的な労働と生活のあり方をめざすことです。長時間労働を是正し、最低賃金を大幅に引き上げ、安定した暮らしができる賃金を保障することです。非正規の労働者の労働条件を抜本的に改善することによって同じ労働をしている正規の労働者との格差をなくし、男女の賃金格差をなくすことです。

141

第Ⅱ部　現代日本の人口政策

こうした労働改革の戦略的な指針は、すでに国際的に明確に示されています。ILO（国際労働機関）が提唱しているディーセント・ワーク（人間らしい働きがいのある仕事と生活）の実現です。ディーセント・ワークの実現こそ、真にワーク・ライフ・バランスを確保し、「少子化」を克服する道を開くことになります。

安倍内閣は「働き方改革」などと称して、年720時間（月平均60時間、繁忙期は月100時間未満）までの残業時間を容認することを決定しました。これは、残業時間規制の従来の大臣告示の骨抜きにほかなりません。しかも、上限規制を完全に外してしまう「残業代ゼロ」法案（労働基準法改定案）とセットになっています。安倍「働き方改革」の実態は、まさに過労死・過労自殺の野放し＝「働き方改悪」にほかなりません。

第4　根強い「女性差別社会」の改革、真のジェンダー平等社会の実現。

安倍内閣は、生産年齢人口の減少という「労働力再生産の危機」に直面して、にわかに「人材こそが日本が世界に誇る最大の資源である」などと言いだして、女性、高齢者の力を引き出すことを強調しています。しかし、「女性が活躍しやすい環境を整える」ためになによりも必要なのは、日本の女性が置かれている差別と格差を解決すること、そのために社会、経済、政治の構造を変えることです。

安倍内閣のように旧い性的役割分業の家族モデルに固執するのでなく、男女が真に対等平等で自由に家族モデルを選択できるように、その経済的な条件、社会的規範をととのえることです。

国連のSDGs（持続可能な開発目標）が示しているように、リプロダクティブ・ヘルス／ライツ（性と生殖に関する健康・権利）の実現も、ジェンダー平等の社会的確立によってこそ保障されます。

142

第5 「少子化社会対策大綱」の抜本的改正、「異次元の少子化対策」の推進。

　フランスやスウェーデンなどの経験からも示されているように、資本主義のもとでも政府や経済界が本格的に「少子化」対策に取り組むなら、人口減少を食い止めることはできます。しかし、そのためには、真に実効ある対策を展開する必要があります。

　いま日本で進行しつつある人口減少は、小手先の「少子化」対策では、決して止められません。安倍内閣が策定した「少子化社会対策大綱」には、さまざまな政策的なメニューはかかげられていますが、いずれも政策の規模が決定的に不十分です。アベノミクスは金融政策において「異次元の量的質的金融緩和」を強行してきました。しかし、日本でこれから真に必要なのは、「少子化」対策や社会保障政策においてこそ、規模と質の両面から思い切った「異次元の政策」を展開することです。財源については、たとえば安倍政権が強行した法人税減税（2013年度〜2018年度だけで約4兆円）を元に戻し、巨額な軍事費のなかで、人件・糧食費や災害救助のための経費を除いた、戦争するための重装備費のその一部（約1兆円）を削るだけで、当面は十分賄えます。

　そうした財政と経済の計画的な取り組みは、その気になれば資本主義のもとでも可能です。戦後復興期の日本経済の経験そのものがそれを実証しています。

第6 外国人労働者、移民の権利の保障、真の多文化共生社会の実現。

　これまで日本では、一貫して「単純労働者の受け入れ」はおこなわないという建前をかかげながら、「技能実習制度」などの口実で、裏口から外国人労働者を受け入れてきました。その実態は、外国人労働者の人権無視、劣悪な労働条件を蔓延させることになり、国際社会から厳しい

第Ⅱ部　現代日本の人口政策

批判を受けてきました。こうした異常なやり方を根本的にあらためて、労働者の国際的移動を原則的に認める立場に立って、外国人単純労働者の受け入れを認め、そのための社会的条件の整備を計画的に緊急に実施すべきです。

　日本経団連は、これからの日本社会では人口減少が避けられないことから、「日本型移民政策」などと称し、安上がりの労働力政策として移民を受け入れる計画を提案しています。こうした無原則な、国際的基準を踏みにじる「日本型移民政策」のなし崩しの実施を許さずに、真の多文化共生社会を実現する立場から、国民的議論を尽くしたうえで国際基準に基づく「移民基本法」を制定することが必要です。

第7　「人口減少時代」に、　　　若者が希望の持てる21世紀日本の展望。

　日本の人口は、2010年ごろから、これまでの歴代自民党政府（自公政権）の「悪しき遺産」としての「人口減少モメンタムの時代」に入っており、しばらくは人口減少が続くことは避けられません。

　「人口減少社会」では、小手先の政策では直面する困難を解決することはできません。こうした時代に、若者が希望を持てる21世紀日本の展望を描くには、なによりもまず行き詰った日本経済のあり方を変革し、国民生活優先の経済体制への転換をめざさねばなりません。そのためには、アベノミクス（安倍内閣の経済政策）のような「新自由主義」路線による「成長戦略」ではなく、国民経済の発展のための総合的で体系的な「長期経済計画」を策定し、国家戦略としてその実現をめざすことが必要です。

　なぜ、「長期経済計画」が必要なのか。たとえば、それは「原発ゼロ」を実現し、自然エネルギー中心に転換するために必要です。それはまた、破局的なまでに拡大した財政赤字を減らして、財政再建を計画的に進めるために必要です。さらにもう一つ例をあげれば、地球環境を守るとい

144

う大きな全人類的課題に取り組むためにも、民間まかせではなく、国家的な目標を定めた長期的計画的取組みが必要です。

21世紀の「人口減少時代」に、若者が希望を持ち、だれもが安心して生きていけるような時代の展望を描くという課題に応えるには、さまざまな分野からの総合的な知恵を結集することが必要です。そのための総合的な研究機構、研究体制も求められます。

第8　日本社会の危機を打開するための国民的合意、政治の民主的な転換。

ここまで述べてきた7つの基本課題を実現するためには、なんとしても日本政治の根本的な転換が必要です。急速に進行しつつある人口の減少、将来人口の大幅縮小の推計（現代の歪んだ政治・経済・社会の投影）を変えていくためには、政治を変えるという国民の強い意志が不可欠です。そうした民主的な政治変革がないかぎり、日本社会はいっそう停滞するでしょう。その結果、人口問題は、ますます深刻な危機的領域に向かっていくことになるでしょう。

過去の歴史を振り返ると、社会的な変革を契機として人口は急速に増大しています。江戸時代の後期には3000万人程度だった人口は、明治維新後の十数年で4000万人に増え、1945年の7000万人から戦後の民主的改革後には1億人を超えました。社会が民主的に発展することこそ、「少子化」現象を解決する根本的カギです。これこそ歴史的に実証された人口問題の社会的法則です。

「人口減少社会」という急な坂道から抜け出すには、「日本資本主義のあり方」を変えるという歴史的な課題に取り組むことが必要です。それは、なによりもまず21世紀の日本社会の未来を担う若者の生き方、人間らしい労働と生活、結婚や出産、家族のあり方、子どもの養育や教育などにかかわる課題です。

人間の生命の再生産にかかわる人口問題の解決は、21世紀日本の百

第Ⅱ部　現代日本の人口政策

年の課題です。そうした歴史的課題に取り組むための国民的な合意、政治の民主的な転換が必要です。

コラム

科学的社会主義の立場
──母性保護とジェンダー平等、「少子化」問題

国際的な人権思想と政策の発展としてのリプロダクティブ・ヘルス／ライツは、先に述べたように、20世紀後半から世界的に拡がった概念ですが、その基本的な考え方そのものは、科学的社会主義の思想的な立場として、マルクス、エンゲルスの著作、書簡などのなかで表明されていました。

(1)《未来社会における家族・結婚》

マルクス、エンゲルスは、すでに1847年に執筆した「共産主義の原理」のなかで、未来社会における家族や結婚の在り方について、次のように述べています。

　「問　共産主義の社会秩序は、家族にどんな影響をおよぼすであろうか？

　答　それは、男女の関係を、社会が干渉する必要のない当事者だけが関係する純粋に私的な関係にするだろう。この社会でこれができるのは、私的所有をなくし、子供を共同で教育し、またそれによって、これまでの結婚の二つの基礎、すなわち私的所有によって妻が夫に従属し、また子供が両親に従属することをなくしてしまうからである」(ME全集④、「共産主義の原理」、394㌻)。

(2)《資本主義のもとでの母性保護》

エンゲルスは、資本主義社会のもとでの母性保護の問題について、それは男女平等のためにも必要であることを強調して、こう述べています。

第10章　日本の「少子化」対策のために

　「労働する女性が、その特殊な生理的機能のために、資本主義的搾取にたいする特別保護を必要とすることは、一目瞭然（りょうぜん）だと思います」。「私が関心をもつのは、率直に申しますが、資本主義的生産様式の最後の存続期における両性の絶対的な形式的な同権よりも、次の世代の健康のことです」（エンゲルスからゲルトルート・ギヨーム・シャックへ、ME全集（36）、304ページ）。

(3) 《日本共産党綱領と「少子化」問題》

　日本における科学的社会主義の政党である日本共産党は、その綱領で、「少子化」問題やジェンダー平等に関して、次のように規定しています。

〔経済的民主主義の分野で〕

　4　国民各層の生活を支える基本的制度として、社会保障制度の総合的な充実と確立をはかる。子どもの健康と福祉、子育ての援助のための社会施設と措置の確立を重視する。日本社会として、少子化傾向の克服に力をそそぐ。

〔憲法と民主主義の分野で〕

　6　男女の平等、同権をあらゆる分野で擁護し、保障する。女性の独立した人格を尊重し、女性の社会的、法的な地位を高める。女性の社会的進出・貢献を妨げている障害を取り除く。

《第Ⅲ部　人口問題の基礎理論》

第11章

人口変動の基礎知識
──「人口学のイロハ」

　日本でいまはじまっている急速な人口減少は、これまでの日本の歴史
ではかつて経験したことのない新しい人口現象です。この人口減少の実
態を正確にとらえて、その意味をもう一歩踏み込んで考えるためには、
人口問題の基礎的な用語、理論、統計について理解しておくことが必要
です。

　第11章では、日本の人口減少の特徴について知るために最小限必要
な「人口学のイロハ」について説明します。といっても、きわめて簡単
な常識的な用語や数値だけなので、日常的にテレビや新聞のニュースの
なかでもよく使われています。数学の計算や統計は苦手だという方も、
ここは少し我慢して読んでいただきたいと思います。

(1)「コーホート」と「人口ピラミッド」

　人口学で使われるコーホート（cohort）とは、特定の期間に出生、結婚、
卒業、就職などの同じ経験をした人口集団のことです。日常用語でも、

148

第 11 章　人口変動の基礎知識

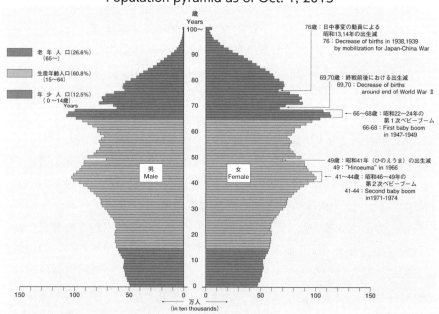

（出所）「我が国の人口動態」厚生労働省、2017 年 3 月発表

　よく「○年同期生」とか、「○年入社組」などということがあります。ある同じ時期に同じ経験をした「同世代」を現わしています。

　ある時点での人口構成を年齢コーホートごとに男女別に左右に横組みの棒グラフで視覚的に示したものを人口ピラミッドとよんでいます。図（11-1）は、2015 年 10 月 1 日現在の日本の人口ピラミッドです。

　人口ピラミッドでは、縦軸にその時点の人口構成を年齢 1 歳ごとに刻んでありますから、自分の年齢に該当する横棒のところをみると、それが自分の年齢のコーホートです。その長さをみれば、自分と同じ年齢コーホート（同世代）の人がどれぐらいいるかを知ることができます。

　人間は 1 年ごとに 1 歳ずつ歳をとりますから、年齢コーホートは、1 年ごとに上の段にずり上がっていきます。各年齢のコーホートは、一番

第Ⅲ部　人口問題の基礎理論

下の生まれた時が一番長い横棒で示され、亡くなった人の数だけ、一年ごとにしだいに短くなっていきます。当然のことながら、年齢を上にたどると、高齢者のコーホートはしだいに先細っていきます。しかし、その年、その年で、出生者の数は多い時も少ない時もありますから、人口ピラミッドの形は、途中が膨れたり、細くなったりします。なお、最上段は、100歳以上の人すべてをまとめて一つのコーホートにしてある場合が多いので、99歳コーホートよりも長くなっています。

　人口ピラミッドの形状は、年少人口が増大してその比率が大きいと下部が末広がりの富士山型になります。日本の場合、1955年の人口ピラミッドは、基本的には富士山のようにすそ野が広がった形になっていました。しかし、1955年には、すでに敗戦直後のベビーブームの時期が終わって出生者数が減少しはじめていたので、そのころから最下部の幼年者のところはかなり縮みはじめていました。

　生産年齢人口がだんだん増えてくると、人口ピラミッドの形状は胴が膨らんだ釣り鐘型になります。現在の日本のように、年少人口が減少して、相対的に高齢人口が増大してくると、「瓢箪型」になってきます。さらに高齢者人口が増えると、「逆さ富士型」あるいは「すり鉢型」になってきます。

(2) 人口構造 —— 年齢3区分別
（年少人口、生産年齢人口、高齢人口）、従属人口指数

　人口構造とは、人口を構成している、性、年齢、人種、配偶関係、教育程度、出生地、産業、所得階級などなどの属性によって分類して、全人口とそれを構成する部分との関係を量的にとらえたものです。人口構造を構成比（％など）で表わすと「人口構成比」になります。

　人口ピラミッドは、1歳ごとのコーホートで組み上げるとともに、5歳ごとに区切るとか、年齢3区分別などに区分して、男女別、年齢別人口構造の特徴を視覚的に示したものだといえるでしょう。

150

第 11 章　人口変動の基礎知識

　人口構造のなかで、いちばん注目されるのは、人口構造を年齢別に3つに区分した「年齢区分別人口」です。これは、人口構造を①0～14歳（年少人口）、②15～64歳（生産年齢人口）、③65歳～（高齢人口または老年人口）、に3区分して、人口構造をとらえることです。149㌻の人口ピラミッドも、この3区分に色分けしてあります。

　生産年齢人口100人当たりの年少人口の割合を年少人口指数、生産年齢人口100人当たりの高齢人口の割合を高齢人口指数、年少人口指数と高齢人口指数の和を従属人口指数と呼んでいます。

　高齢者人口の増大とともに、「高齢化社会」という用語がよく使われるようになりました。

　人口高齢化の程度は、総人口に占める65歳以上人口の割合、すなわち高齢化率ではかられます。国連では、高齢化率が7％を超えると高齢化社会、14％を超えると高齢社会、さらに20％を超えると超高齢化社会（超高齢社会）と呼んでいます。日本の場合、高齢化率は、1970年に7％を超えて高齢化社会になり、1995年に14％を超えて高齢社会に、さらに2007年に20％を超えて超高齢化社会になりました。

(3)　人口動態（変動）——①出生、②死亡、③移動。人口動態統計

　人口構造は、総人口の量的規模や年齢別の構造を一時点における状態（ストック）として把握しますが、これにたいして、人口動態は、異なった時点間の時系列による人口の変動（フロー）を把握することです。

　人口変動は、基本的には、①出生、②死亡、③移動、の3つの要因で引き起こされます。

　一国の年間の総人口の変動は、その年に生まれた人の数と亡くなった人の数との差によって示される自然増減と、海外との人の出入りを示す社会増減で決まります。移民や難民による人口の流入・流出が多い場合は、社会増減による総人口の変動が大きな意味を持ちます。

第Ⅲ部　人口問題の基礎理論

図11-2　性別にみた出生数及び死亡数の年次推移—明治32〜平成27年—
Trends in live births and deaths by sex, 1899-2015

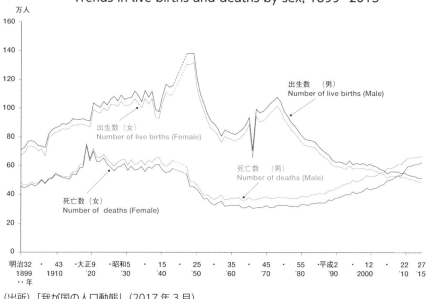

(出所)「我が国の人口動態」(2017年3月)

　しかし、現在の日本の人口減少を考える際には、今までのところは、ほとんど海外との人の移動は割合としては考慮しなくてもよいでしょう。いま問題となっている日本の人口減少は、日本人の自然減、死亡者数より出生者数が少ないという問題です。最近の日本社会では、毎年、死亡者数はほぼ一定していますから、結局、出生者数の減少が人口減少の最大の要因ということになります。人口減少を論じるときに、出生率の低下、「少子化」の問題に議論が集中するのは、そのためです。

　人口動態を把握する政府の統計=「人口動態統計」は、人口変動を調べるためのもっとも重要な基本的な統計です。人口動態統計では、出生、死亡、死産、婚姻、離婚の5事象が含まれます。出生、死亡、婚姻、離婚の4事象については、「戸籍法」にもとづいて、それぞれの個人が市区町村長（および在外公館）に提出する届出によって作成された「人口

第 11 章　人口変動の基礎知識

動態調査票」が都道府県をへて厚生労働省に提出されて集計・作成されます。

　このように「人口動態統計」は、個人の市区町村への届出を集計したものであること、戸籍法によって戸籍に記載されることと結びついていること、それが重要な特徴です。外国人（外国の国籍の人）の場合は、日本の戸籍はありませんが、届出の義務があります。

　5 年に一度の「国勢調査」の場合は、国籍にかかわらず外国人も含めて、ある調査時点で日本領内にいたすべての人を調べるので、そこに大きな違いがあります。（人口動態統計については、本章の後述の（11）も参照してください）。

　外国人の動態（国際人口移動）を統計的に知るには、法務省「出入国管理統計」があります。また海外に滞在する日本人の数を統計的に調べるには、外務省「海外在留邦人数調査統計」があります。

（4）「合計特殊出生率」とはなにか

1．さまざまな出生率の指標 —— 普通出生率と特殊出生率

　出生率は、人口（分母）と出生数（分子）の比率のことです。一般には 1000 分率（パーミル＝ permil）、記号では（‰）で表わします。人口 1,000 人当たりで何人の子どもが生まれたか、その割合のことです（ちなみに、死亡率も、出生率と同じようにパーミル、1000 分率（‰）で表します）。

　出生率は、分母に総人口を置くか、特殊な人口（一般には、再生産女性人口＝子どもを生める年齢の女性人口）を置くかによって、出生総数を総人口で割った普通出生率（粗出生率）と特殊出生率に区別されます。特殊出生率は、出生力の状態をより詳しく調べるために、女性の年齢別（15 歳〜 49 歳）の出生率を計測したものです。これは、15 歳から 49 歳までですから、35 個の「年齢別特殊出生率」があることになります。（注）

　　（注）14 歳以下の出生率と 50 歳以上の出生率については、それぞれ、15 歳と 49

153

第Ⅲ部　人口問題の基礎理論

歳に合算されます。

2.「合計特殊出生率」（合計出生率）の意味

出生率を考える場合には、コーホートによるとらえ方が大事になります。出生率は、女性の年齢コーホートによって異なるからです。そのために、出生率を算定するには、各年齢コーホートごとの特殊出生率を合計す

図11-3　さまざまな出生率

	分母	分子
普通出生率（‰） （＝租出生率）	総人口	出生児数
特殊出生率（‰）		
総出生率	再生産女性人口 （15歳〜49歳）	出生児数
年齢別特殊出生率	15歳〜49歳の 各年齢別の女性人口	出生児数
合計特殊出生率	年齢別特殊出生率の合計値	

る方法が必要になります。「合計特殊出生率」とは、「15〜49歳までの女性の年齢別特殊出生率を合計したもの」です。つまり、「合計特殊出生率」とは、35個の「特殊出生率」の「合計値」ということになります。一般に、単に「出生率」という場合は、「合計特殊出生率」（＝合計出生率）のことをさしています。

「合計特殊出生率」は、合計することによって、1人の女性が15歳から49歳までの間に出産する人数の指標になります。たとえば、「合計特殊出生率」が2.0という場合は、一人の女性が一生の間に2人の子どもを生むということです。「合計特殊出生率」が5.0という場合は、5人の子どもを生むことになります（ただし「合計特殊出生率」は、もともとは「出生率」の「合計値」なので、無名数です）。

「合計特殊出生率」は、「人口動態統計」（概数は毎年6月ごろ、確定値は12月ごろ公表）をもとにして、社人研が算定して前年分が発表されます（2015年の合計特殊出生率は、2016年5月23日に概数値（1.46）が発表され、同年12月5日に確定値（1.45）が発表されました）。

154

第11章　人口変動の基礎知識

(5)「人口置換水準」とはなにか

　ある一定の年齢別死亡率の水準のもとで、人口の国際移動（移入、移出）がないものとして、人口が長期的に維持される人口再生産に対応する出生率（『合計特殊出生率』）の水準を「人口置換水準」といいます。これは、死んでいく親の世代の数と、生まれてくる子どもの世代の数が同じ水準となり、人口が置き換わっていくだけで人口数に変動がないような出生率の水準です。

　人口置換水準の出生率は、国や時代によって異なります。欧米日の発達した資本主義諸国の人口置換水準の出生率は、だいたい 2.1 弱と言われています。現在の日本の場合は 2.07 となっています (注)。

　　　(注)　人口置換水準は、出生性比や死亡率によって変動します。現代日本の男女の
　　　　　出生性比には男児に 5%（0.05）の偏りがあり、さらに女性の出産年齢まで
　　　　　の死亡率が 2%（0.02）なので、親の世代（2 人）に置き換わるための 2 人分
　　　　　＝ 2.0 に、その分を追加して概算すると、人口置換水準は、2 + 0.05 + 0.02
　　　　　＝ 2.07　となります。

　先に第 3 章でみたように、人口変動には「人口モメンタム」という特性があるため、出生率が人口置換水準になっても、その時点から、直ちに人口が静止状態になるわけではありません。

　戦後日本の出生率の推移をみると、先に第 2 章にあげた図（39ページ）のように 1974 年いらい人口置換水準を大幅に下回る状態が続いています。しかし、実際の人口が連続的に減少し始めたのは、それから二十数年も後の 2007 年からでした。なぜそうなのかということは、すでに第 3 章で日本の人口減少の特徴をとりあげたさいに説明しておきました。

　簡単に繰り返すならば、これまでは過去の出生率が高かったときの“遺産”ともいえる「人口の増加モメンタムの時代」が続いていたために、出生率が人口置換水準を下回るようになってからも人口の増加がつづいてきたのです。

155

第Ⅲ部　人口問題の基礎理論

(6) 出生率と出生者数

1. 出生率はミクロ・レベルの平均的データ、出生数はマクロ・レベルの総計的データ

　出生率と出生数の関係は、ミクロ・レベルの平均的データ（一人当たりの数値）とマクロ・レベルの総計的データ（全体の合計数値）の違いだと考えればわかりやすいでしょう。

　たとえば、一国の経済規模を GDP（国内総生産）で比較するときに、一人当たりの GDP で比較するか、国全体の GDP 合計で比較するかによって、大きな違いがでてきます。

　日本の一人当たりの GDP は、3 万 2,486 ドル、中国は 7,990 ドルですから、日本は中国の約 3 倍の水準です。しかし、国全体の GDP では、日本は 4 兆 1,233 億ドル、中国は 10 兆 9,828 億ドルですから、中国は日本の 2 倍以上の規模になります（いずれも、2015 年の数値、IMF、世界銀行の資料）。

　このように一人当たり（ミクロ・データ）で比較するか、総合計（マクロ・データ）で比較するかによって、結果はまったく異なってきます。GDP は生産性を表わしますが、GDP 規模は、生産性に総人口をかけた数値ですから、人口が大きいと GDP 総額も当然大きくなるわけです。

　出生率は、一人の女性が一生に生む子どもの数ですから、ミクロ・レベルで見たときの出生力の数値です。これにたいし、一般に出生者数という場合はその年に生まれた国全体の子どもの数ですから、マクロ・レベルの数値です。

2. 出生者数を決める 3 つの要素

　人口減少と言えば、すぐに思い浮かべるのは、1 人の女性が子どもを産む数が減っていること、つまり出生率が低下していることです。たし

156

かに出生率の低下は、人口減少のもっとも基本的な要因です。しかし、社会全体の出生者数を決める要因は出生率だけではありません。

出生者数を決める要因には、出生率のほかに女性の数もあります。出生率はあくまでも「一人当たりの平均的な数値」にすぎませんから、出生率は同じでも、子どもを生む女性の数が多ければ、全体としての子どもの出生数は多くなります。

しかし、一概に「女性の数」といっても、今年生まれたばかりの赤ちゃんは、女の子であっても子どもが生めるわけではありません。ですから実際に子どもを生めるのは、女性のうちの一定の年齢の層（人口統計では、15歳から49歳までの女性＝再生産年齢人口）に限られます。

さらに、出産可能な女性の数だけではなく、その年齢構成も出生数には影響します。年齢によって、実際の出生数は異なるからです。たとえば晩婚化が進んで、子どもを生む年齢が相対的に高くなってくると、同じ再生産年齢人口であっても、より高齢人口が多いほうが出生児の数は多くなります。

こうして、出生者数は、別項（158ページ）の計算式で表わされることになります。

出生数がこのように3要素に分解できることから、社会全体の出生数の動向は、「合計特殊出生率」の動向だけでなく、「女性人口」と「年齢構成の違い」の動向の影響を受けるわけです。

3. 3つの要素の寄与度の分析

厚生労働省が2017年6月に発表した『人口動態統計月報年計（概数）の概況』（2016年分）では、出生数が2015年（100.6万人）から2016年（97.7万人）に減少（2.9万人減＝▲2.9％）した要因を「3つの要素」に分解して、それぞれの寄与度を分析しています。

それによると、「女性人口」（▲0.5％）、「出生率」（▲0.6％）、「年齢構成の違い」（▲1.7％）と算定しています。

第Ⅲ部　人口問題の基礎理論

（　▲2.9%　＝　▲0.5%　＋　▲0.6%　＋　▲1.7%　）

　また、同資料では、1970年以降の「出生率」「女性人口」「年齢構成の違い」の3要素のデータを分析した結果として、「『女性人口』の減少傾向と『年齢構成の違い』の低下傾向は今後も続くことから、『合計特殊出生率』が変わらなければ、出生数は今後も減少することになる」と結論づけています。

コラム

出生率と出生数の関係式

　出生数は、次の式のように①「女性人口（15〜49歳）」、②「（期間）合計特殊出生率」、③「（15〜49歳女性人口の）年齢構成の違い」の3つの要素に分解できる。以下、この3要素を「女性人口」、「合計特殊出生率」、「年齢構成の違い」とする。

$$\text{出生数} = \text{女性人口}_{(15〜49歳)} \times \frac{\text{（期間）合計特殊出生率}}{35^{1)}} \times \text{（15〜49歳女性人口の）年齢構成の違い}^{2)}$$

（注1）（期間）合計特殊出生率は15歳から49歳までの35個の年齢別出生率を加えたものであるため、女性人口（15〜49歳）を乗じて出生数となるように35で除している。

（注2）「年齢構成の違い」は、次の計算式で求められる。

$$\text{「年齢構成の違い」} = \Sigma \left[（\text{x歳の女性人口の割合}） \times （\text{x歳の出生率}） \right]$$
$$\div \Sigma \left[（\text{x歳の出生率}） \div 35 \right]$$

　「年齢構成の違い」は、「女性人口」×「合計特殊出生率」／35が「15〜49歳のどの年齢の女性の人数も同じとした場合に当該合計特殊出生率で見込まれる出生数」となることから、「実際の年齢構成がどの年齢の女性の人数も同じという年齢構成とどのくらい違うか表すもの」である。出生率の高い年齢層に女性の人数が相対的に多くなっている場合には、「年齢構成の違い」は概ね1より大きくなる。

　（資料）「出生率と出生数の関係式」は、『人口動態統計月報年計（概数）の概況』（2016年分）の巻末解説をもとに要約した。

158

（7） 死亡率、生命表、平均余命、平均寿命

　死亡率には、その観察目的によって、いろいろな死亡率があります。

　普通死亡率は、人口 1,000 人に対する死亡数です。この指標は、もっとも簡単に計算することができるので、死亡水準を示す指標としてよく用いられます（出生率と同じように、パーミル、1000 分率（‰）で表します）。

　生命表は、ある期間における死亡状況が今後変化しないと仮定したときに、各年齢コーホートの人が 1 年以内に死亡する確率や平均してあと何年生きられるかという期待値などを死亡率や平均余命などの指標（生命関数）によって表したものです。これらの関数は現実の年齢構成には左右されず、死亡状況のみを表しています。したがって、死亡状況を厳密に分析する上で不可欠なものといえます。

　生命表には、その作成方法の違いから、①完全生命表、②簡易生命表の 2 種類があります。いずれも厚生労働省によって、①完全生命表は 5 年おきの国勢調査年に、②簡易生命表は毎年作成されています。

　生命表のなかで、一般によく知られているのは、年齢別平均余命です。年齢別平均余命は、ある年齢まで生存した人がその年齢以降に、あと平均何年生きられるかを示した表です。とくに、年齢 0 歳の平均余命は平均寿命と呼ばれています。平均寿命は、その人口の死亡水準をもっとも端的に表わす指標です。平均寿命はすべての年齢の死亡状況を集約したものであり、医療・保健・栄養・福祉などの水準を総合的に示す指標です。

　ちなみに、社人研の「将来人口推計」では、「将来生命表」も推計して、将来の平均寿命を予測しています。3 つの仮定（「死亡高位」「死亡中位」「死亡低位」）をおいて、3 つの推計結果を発表していますが、そのなかで、もっとも平均寿命が高めに推移する「死亡低位」の仮定では、2040 年に男性 84.15 年、女性 90.54 年となり、2065 年には男性 86.05 年、女性 92.48

第Ⅲ部　人口問題の基礎理論

年となっています。

(8)　静止人口、安定人口、適度人口

　ここでは、人口の規模に関する3つの理論的な概念について、できるだけ簡潔にその意味と特徴を考えてみたいと思います。人口の規模はどのような要因で変動するのか、日本の適切な人口規模はどのくらいなのか、などの理論的な問題を考えるためには、人口理論に一定程度は踏み込んでおく必要があるからです。

1.　静止人口（または定常人口）(stationary population)

　静止人口とは、人口の流出入のない封鎖人口において、出生数と死亡数が等しくなり、増減のない人口のことです。定常人口ということもありますが、基本的に同じ意味です。

　静止人口という状態は、人口学の知識がまったくなくても人口が一定の規模で増えも減りもしない状態、文字通り静止状態を維持している状態として想定できます。たとえば、本書の序章で、アンケートに答えて「人口は1億人程度が良い」とした人たちは、1億人程度の静止人口を念頭に置いていると想定されます。

　しかし、実際に静止人口を実現するための出生率や死亡率の水準を求めるのは、そう簡単なことではありません。一定の人口規模を静止状態で維持するためには、出生率、死亡率、人口増加率、年齢構造などが、時間の経過とともに、相互に関連しながら決まっていく複雑な計算が必要になるからです。

　たとえば先に述べたように、出生率が人口置換水準になったとしても、人口が静止状態になるまでには、かなり長い人口モメンタムの時期があります。かりに人口置換水準の出生率になったとしても、その時の人口構造（これは、過去の出生率などで決まる）のあり様によって、人口減少

160

図 11-4-① 「静止人口」の概念モデル

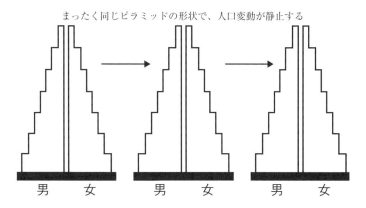

や人口増大が続いていきます。

2. 安定人口 (stable population)

　「安定人口」の概念は、静止人口にくらべるとよりいっそう複雑になります。

　「安定人口」の理論は、外国との人口の出入りのない封鎖人口において、女性の年齢別出生率と男女年齢別死亡率を一定とすると、やがて出生率も死亡率も一定となり、人口の年齢構成も一定となるということです。したがってまた人口増加率も一定となります。このような人口増加率が一定の年齢構造の人口を安定人口といいます。安定人口の概念は、たいへん複雑な数式で示されますが、ここでは単純化したモデルで示すと、別図（次ﾍﾟ 11-4-②）のようになります。静止人口は同じ規模の人口ピラミッドが毎年繰り返されるのにたいして、安定人口では、相似形の人口ピラミッドが安定した人口増加率（減少率）で維持されることになります。

　つまり、安定人口とは、年齢構造や人口増加率が一定となるという意味で安定した状態のことですが、こうした安定人口の理論において、出

図11-4-② 「安定人口」の概念モデル

まったく同じ人口ピラミッドの形状で、
一定の割合で増大（減少）する

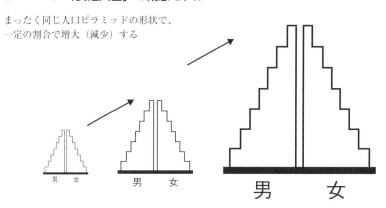

生率と死亡率が等しくて人口増加率がゼロの場合が静止人口ということになります。静止人口は、安定人口のひとつの特殊な場合（増加率ゼロの場合）ということです。「安定人口」の概念は、静止人口にくらべると、より複雑な一般的な場合になるわけです。

出生率や死亡率の複雑な絡み合った人口要因の相互関係を一般的な数学的な理論として確立したのが「安定人口理論」といわれるものです。「安定人口理論」は、出生、死亡とそれぞれの役割の間の関係といった人口過程の理解にたいし大きな貢献を果たしてきました。そのために、その理論は、人口学のなかでは「人口の再生産要因（出生と死亡）と人口の基本構造との関係についての一般理論」という意味で重要な理論領域とみなされてきました。

3. 適度人口（あるいは適正人口：optimum population）
《一般的に「適度人口」を規定することはできない》

適度人口とは、その言葉の通り、もっとも適正な望ましい人口の規模を指します。欧米でも昔から人口が議論されるときには、その言い方はいろいろでも「適度人口」（英語ではoptimum population）に当たる考え

第 11 章　人口変動の基礎知識

図 11-4-③　「適度人口」の概念モデル

基準 A、B、C、D によって大きく異なってくる

基準 B

基準 C

基準 D

基準 A

男　女

男　女

男　女

男　女

方は繰り返し提起されてきました。

　しかし、結論から言えば、一国にとっての理想的な人口の規模をあら
かじめ決めることはできないというべきでしょう。一般的、抽象的に「適
度人口」などは想定できないのです。

　これは、筆者が個人的な見解として述べていることではなく、人口学
会の共通の意見と考えられます。たとえば、人口問題協議会編集の『人
口辞典』（1986 年、東洋経済新報社）では次のように明言しています。「適
度人口を規定することは難しく、厳密にいえば不可能である」（113 ページ）。

　一般的に「適度人口」を決めることは不可能だとしても、過剰人口（人
口が多すぎる）とか、過少人口（人口が少なすぎる）という言い方は、よ
く使われます。「適度人口」を規定することは難しいとしても、「過剰人
口」や「過少人口」という表現は、あまり違和感もなく日常的にも使わ
れています。

　では、「過剰人口」や「過少人口」という場合、それを判断する中心
の人口は「適度人口」といえるのではないでしょうか。こうした問題に

11

163

第Ⅲ部　人口問題の基礎理論

こたえるために、「適度人口」の議論は、今日に至るまで続けられています。

《ある基準を設けて、「適度な人口」を規定する試み》

　19世紀末に、一国の生産力の発展水準を基準として人口規模を測り、一人当たりの生産力をもっとも発展させるときの人口を「適度人口」とする理論が生まれました。この「適度人口論」は、あくまでも生産力の発展を基準として、それにもっとも貢献する人口規模を「適度人口」とみなしたのです。

　しかし、ある基準をもうけ、その基準にたいしてもっとも「適度な人口」を規定するならば、基準の取り方によって、「適度人口」はいくつもあることになります。たとえば、かつてマルサスが「人口論」で過剰人口を貧困の原因と論じたときは、人口過剰を判断する基準として「食糧生産」を考えていたことになります。

　実際に、基準としては、食糧生産や生産力のほかにも、所得、福祉、経済力、環境など、いろいろ考えられます。また経済だけでなく、兵力などの軍事的適度人口まで規定されうることになってしまいます。

　なお、国際人口学会編の『人口学用語辞典』では、「適度人口」について、次のように規定しています。

　　「人口規模と資源との関係を考えていくと、過剰人口および過少人口の概念に行きつく。これらの言葉は、一定の発展水準においてのみ定義される。それより大きい人口も小さい人口も利益をもたらさない場合に、それは適度人口であるといわれ、時には単に適度とも呼ばれる。生ずる利益は性格的に経済的なものであろうが、その場合それは経済的適度である」（100ﾍﾟ）。

　この規定では、経済的適度という意味において、つまり基準を経済的なものに限定して「適度」を規定しているように思われます。

164

(9)「人口転換」の理論（demographic transition theory）

「人口転換」の理論は、19世紀から20世紀へかけて、主として西欧の人口変動の実態的な現象を観察することによって、20世紀中葉までに多くの人口学者によって形成・確立されてきた人口学の理論です。先に見た「静止人口、安定人口、適度人口」の理論は、人口変動の概念的なモデル（抽象的なモデル）でしたが、「人口転換」理論は、人口変動の歴史的な実態分析から生まれた現実的な理論です。

「人口転換」理論は、近代日本の人口変動過程を研究するうえでも重要な意味を持っています。（日本の「人口転換」の歴史的特質については、第2章の（3）日本の人口の歴史的推移を見てください）

1.「人口転換」の3つの局面

「人口転換」とは、多産多死 ⇒ 多産少死 ⇒ 少産少死 という一連の人口変動の過程のことを意味しています。総人口の変動率で言えば、急激な増加期から減少期にかけて富士山型のカーブを描いて激しく変動します、その過程を「人口転換」の時期とよんでいます。つまり、「人口転換」の前半期は急激な人口増大期、後半は増大率の低減期（必

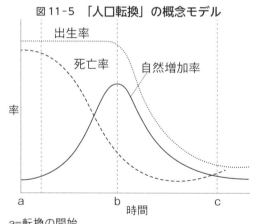

図11-5 「人口転換」の概念モデル

a＝転換の開始
b＝出生率と死亡率の差最大
c＝転換の終了
（出所）マッシモ・リヴィ-バッチ『人口の世界史』
（速水融ほか訳、2014年、東洋経済新報社）

第Ⅲ部　人口問題の基礎理論

ずしも人口減少にまですすむとはかぎらない）を経過するわけです。

　この「人口転換」の過程を概念モデル（図11-5）によって見ておきましょう。

　「人口転換」にともなって、人口は三つの局面を描いて急激に変動します。

　第1局面では、高い出生率のまま死亡率が低下して、人口は加速的に増加していきます。

　第2局面では、出生率一定のまま死亡率が下げ止まる。人口は高成長を続けます。

　第3局面では、死亡率一定のまま出生率が低下する。人口成長率は低下していきます。

　こうして人口転換は完了し、出生率・死亡率ともに低水準に落ち着き、人口成長も低成長に留まります。

2.「人口転換論」についての人口学の規定

　「人口転換論」は、『現代人口辞典』（原書房、2010年）では、次のように説明されています。

　「人口転換論　人口転換ははじめ近代のヨーロッパ世界に生起した特異な現象とみなされ、一種の文明論的な近代化仮説と考えられたが、近年東アジアを筆頭に開発途上国にも広く波及するに及んで、普遍的な性格を有するに至った。とはいえ、人類史上の特定の一時期にのみ起こった現象という意味では、やはり理論というよりも歴史法則ないしはモデルというべきかもしれず、人口発展段階論、人口転換仮説、人口転換モデルとも呼ばれるが、ここでは一般的に人口転換論と呼んでおく。／人口転換論は、出生率と死亡率の歴史的な発展過程を3つないし5つの段階に区分し、類型化するとともに、その発展の要因を分析し、説明しようとするものである。段階区分の仕方は一様ではないが、形態上の変

化については論者の認識にさほど大きな差異はない。この過程で重要な
ポイントは、(1) 死亡率の低下時期とその要因、(2) 死亡率低下に対す
る出生率低下の遅れの説明、および (3) 出生率の低下時期とその要因
であり、とりわけ最後の点が人口転換論の中心課題をなしている。この
ように、人口転換論は形態的な類型論と実体的な要因論という2つの側
面を有している（大淵寛執筆）」（同書、153ページ）。

(10) 20／21世紀の「人口減少」
——「第二の人口転換」理論

　人口が前近代社会の多産多死の人口停滞状態から、多産少死の人口急
増期をへて、少産少死の人口安定・静止状態へいたる「人口転換」の時
期が終了すると、人口は少産・少死の人口動態の増減のない安定した状
態に入ると思われていました。

　しかし、そうした予想に反して、1960年代以降には先進諸国の出生
率はいっせいに低下して、1970年代、80年代に入ってからも各国とも
人口置換水準を下回るようになりました。未婚者、晩婚者、非婚者が増
え、それとともに晩産化、婚外子、離婚も増えてきました。こうした新
しい人口現象—「少子化」による「人口減少」—にたいして、欧米の人
口学会では、「第二の人口転換」という議論が起こってきています。

　「第二の人口転換」は、世界史的にはまだはじまったばかりであり、
人口変動の理論としては、いまだ仮説のレベルです。おそらく、その全
体的な動向が明らかになってくるのは、21世紀の後半から22世紀にか
けての時代、人類が資本主義の時代を乗り越えて、新たな社会へ向かっ
ていく時代になるでしょう。とりわけ21世紀に入ってからも、まだ人
口の急増を続けている発展途上諸国の人口動態が、今後どのように展開
していくか、なかなか予測しがたいものがあります。

　人口学者の間でも、「第二の人口転換」は、まだはじまったばかりな

ので、「(第一の) 人口転換論ほどの一般性を持ちうるか否かは、現時点ではまだはっきりしない」(阿藤誠、『現代人口辞典』、原書房、2010年) と言われています。

こうした留保条件を前提にしたうえで、あえて筆者の推論を述べるならば、21世紀に「人口静止水準」をとおりこして過度にすすむ「少子化」と「人口減少」の傾向は、先進資本主義社会がその発展期を過ぎて、社会経済制度としては歴史的な衰退期 (新しい生産様式への移行の時期) に入りつつあることを現わしているように思えます。つまり、先進資本主義国で共通の特徴になっている「少子化」と「人口減少」の傾向は、人類史的視野からいえば、ある歴史的な人口現象であり、資本主義末期の歴史的な時代の特徴を示すものだろう、ということです。

(11) 人口問題の統計について

人口に関する主要な統計は、①国勢調査、②人口動態統計、③住民基本台帳、の3つがあり、そのほかにも、「出入国管理統計」や「労働力調査」などがあります。また国立社会保障・人口問題研究所 (社人研) も、人口研究に欠かせない独自統計を作成・公表しています。

(1) 国勢調査 ―― 人口現象の定点観測

①の国勢調査は、5年ごとにおこなわれるもっとも基本的な人口統計です。国籍別、男女別、年齢別、世帯別、居住地別、職業別、産業別、学歴別などさまざまな人的な属性を調査・記録します。人口は、抽象的に規定すれば「一定の地域に住んでいる人間集団の総計」という意味ですが、ある一定時点での〈人間集団〉を具体的に見ていくことによって、さまざまな人口構造から成るものとしてとらえることができます。

「人口推計」は、国勢調査による人口を基準として、次の国勢調査までの間の人口の動向を他の人口関連資料から得て、毎月1日現在の人口

第 11 章　人口変動の基礎知識

（全国・総人口及び日本人人口）、毎年 10 月 1 日現在の都道府県別人口を
算出し、提供しています。

（2）人口動態統計 ── 人口現象の変動観測

　②の人口動態統計は、人口統計のなかでは、いちばん頻繁にとりあげ
られることの多い統計です。人口動態統計については、先に「（3）人口
動態」の項で説明したので、ここでは発表の方法だけ追加しておきます。
月報は、「人口動態統計速報」（2 か月後）、「人口動態統計月報（概数）」（6
か月後）、年報は、「人口動態統計月報年計」（概数＝翌年 6 月）、（確定数＝
翌年 9 月）に、公表されます。

（3）住民基本台帳 ── 人口変動を規定する 3 つの要因（出生、死亡、移動）の記録

　③の住民基本台帳（通称、住基法）は、市町村長または特別区区長が、
住民全体の住民票（個人を単位として作成）を世帯ごとに編成し作成する
公簿です（住民基本台帳法第 6 条）。2012 年 7 月、住民基本台帳法が改正
され、外国人登録法の廃止により、外国人についても、日本人と同様に
住民基本台帳法の適用対象となり、住民票が作成されます。外国人も住
民基本台帳法の適用対象となったため、2012 年 8 月以降の住民基本台
帳の世帯数・人口には、外国人住民数も含まれています。

（4）「出入国管理統計」、「労働力調査」「社会保障統計」などの統計

　いままで見てきた人口統計のほかにも、人口にかかわる重要な統計が
あります。

　①法務省「出入国管理統計」
　②外務省「海外在留邦人数調査統計」
　③厚生労働省「労働力統計」
　④総務省「就業構造基本調査」
　⑤厚生労働省「国民生活基礎調査」
　⑥厚生労働省「生命表（完全生命表、簡易生命表）」

169

図11-6 社会保障・人口問題基本調査（実地調査）

(5) 国立社会保障・人口問題研究所の調査する独自統計と統計資料集

国立社会保障・人口問題研究所（社人研）では、定期的に独自の実地調査（社会保障・人口問題基本調査）を実施して、次のような独自統計として発表しています。

①出生動向基本調査（結婚と出産に関する全国調査）／ ②人口移動調査／ ③生活と支え合いに関する調査（旧：社会保障実態調査）／④全国家庭動向調査／ ⑤世帯動態調査

これらの独自調査・統計は、日本の人口問題を研究するためには、きわめて重要な資料です。たとえば、近年、日本の少子化の要因として、出生率の低下とともに若者の「未婚率」の上昇傾向が注目されていますが、その資料は、①出生動向基本調査のデータがもとになっています。これら5つの基本調査は、それぞれ5年間隔でおこなわれています。

5つの基本調査のほか、人口問題に関する意識調査、世帯内単身者に関する実態調査なども行われており、これらの結果は、社人研のホームページで閲覧することができます。

《将来推計人口》

社人研では、以上述べたような調査統計とともに、将来の人口推計を行っています。その結果としての「将来推計人口」は、本書でもたびたびとりあげましたが、人口問題を研究するうえでは、きわめて重要な基本資料です。

《人口統計資料集》

各種統計機関から発表された人口に関する基本的な統計を網羅すると

ともに、それらに対して国立社会保障・人口問題研究所が割合や率の算出など比較的簡単な加工を加えた資料から構成されています。

> **コラム**
>
> ## 「人口転換」(人口増加)の数学的表現
> ### ――ロジスティック曲線(方程式)
>
> 欧米の人口学会では、資本主義の生成、発展に伴う人口の急増過程が「人口転換」として理論的に解明されるとともに、この人口急増のメカニズムを統計学的に解明する探究もおこなわれてきました。
>
> ベルギーの数学者フェアフルスト(1804～1849)は、「人口転換」の前半期の人口急増の過程は、マルサスが「人口論」でいうような単純な指数関数ではなく、【ロジスティック曲線】〔logistic curve〕を描く微分方程式の解として得られることを証明しました。ロジスティック曲線では、増加率は飽和点までは急増しますが、時間の経過とともに、この飽和点に近づいて増加率は逓減していくために、S字型の曲線を描きます。「ロジスティック」とは、フェアフルストが論文のなかで使用した用語で、ギリシャ語で「計算に巧みな」という意味です。
>
>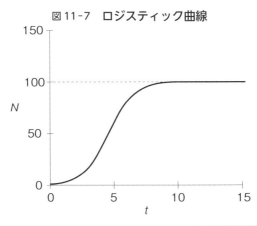
>
> 図 11-7　ロジスティック曲線

《第Ⅲ部　人口問題の基礎理論》

第12章

マルクス、エンゲルスと人口問題

　科学的社会主義の理論の創始者であるカール・マルクスとフリード
リッヒ・エンゲルスは、人口問題への関心を生涯もちつづけていました。
マルクス、エンゲルスの人口問題への言及は、マルクス・エンゲルス全
集のほぼ全巻にわたっており、さまざまな時代に、さまざまな角度から、
人口問題にかかわる論点を論じています。

　最終章（第12章）では、科学的社会主義の立場からの人口問題の理論
について考えるための一つの手がかりとして、マルクスとエンゲルスの
人口問題への言及 (注1) のなかから抜き書きして、いくつかの論点を整
理しておきましょう。マルクスとエンゲルスの人口問題への言及は、き
わめて多岐にわたっていますが、ここでは今日的に関心のある「人口減
少にかかわりの深い論点」を中心に、8項目に絞って見ておきましょう。
(注2)

> (注1) マルクス、エンゲルスの人口問題への言及について、より詳しく知りたい
> 　　　方は、拙稿「マルクス、エンゲルスと人口問題」(『経済』2015年5月号～6
> 　　　月号) を参照してください。
> (注2) マルクス、エンゲルスの文献からの引用文の出典は以下のとおりです。

172

第 12 章　マルクス、エンゲルスと人口問題

　　①『資本論』については、新日本出版社の新書判（全 13 冊）からおこない、その巻数と該当ページを（『資本論』①〜⑬、○㌻）と記した。なお、原書（ディーツ社のヴェルケ版）のページ数も記してある。
　　②「資本論草稿」については、すべて邦訳版『資本論草稿集』（全 9 巻、大月書店）からの引用である。
　　③その他の著作は、大月書店邦訳版「マルクス・エンゲルス全集」を使い、「ME 全集」と表記する。

(1) 人類の歴史の前提としての
「人間そのものの生産と再生産」

　マルクス、エンゲルスは、人類の歴史を究極的に規定する要因の一つとして、人間そのものの生産と再生産をとらえていました。エンゲルスは、いわば「マルクスの遺言の執行」（エンゲルス）として晩年に書き上げた労作『家族、私有財産および国家の起源』（1884 年）のなかで、次のように述べています。

　　「唯物論的な見解によれば、歴史を究極において規定する要因は、直接の生命の生産と再生産である。しかし、これは、それ自体さらに二種類のものからなっている。一方では、生活資料の生産、すなわち衣食住の諸対象とそれに必要な道具との生産、他方では、人間そのものの生産、すなわち種の繁殖がそれである。ある特定の歴史的時代に、ある特定の国の人間がそのもとで生活をいとなむ社会的諸制度は、二種類の生産によって、すなわち、一方では労働の、他方では家族の発展段階によって、制約される」（ME 全集㉑、「家族、私有財産および国家の起源」1884 年初版の序文、27㌻）。

　この唯物史観の立場は、マルクスとエンゲルスの初期の共同労作「ドイツ・イデオロギー」（1845 〜 46 年）において、すでに明確にされていました。

　　「あらゆる人間歴史の第一の前提はいうまでもなく生きた人間的諸個体の現存である。したがって最初の確認されるべきはずの事実はこれらの個体の身体的組織とそこから当然でてきているこれらの個体と

173

第Ⅲ部　人口問題の基礎理論

爾余の自然との間柄である。われわれはもちろんここでは人間そのも
のの自然的身体的性質のことを論じるわけにはいかないし、また人間
が当面している自然諸条件、すなわち地質学的、山水誌的、風土的そ
の他の諸状態のことに筆を進めるわけにもいかない。あらゆる歴史記
述は、これらの自然的諸基礎と、歴史の流れのなかでの人間の行動に
よるそれらの変更から出発しなければならない」。「この生産は人口の
増加とともにやっと始まる。人口の増加はそれはそれでまた諸個人相
互間の交通を前提とする。この交通の形態はまた生産によって条件づ
けられている」（ME全集③、「ドイツイデオロギー」、16～17ページ）。

(2) 富の基本源泉としての総人口

マルクスは、マルサスが人口増大を貧困の原因とみたのとは正反対に、
人口増大を富の源泉とみるペティの「人口理論」を経済学の基本に据え
ています。

　「剰余労働のいっさいの形態にとって必要なことは、人口の増大で
ある。第一の形態のためには労働人口の増大が必要である。第二の形
態のためには人口一般の増大が必要である。というのは、第二の形態
は科学の発展等々を必要とするからである。ともあれ人口はここでは
富の基本源泉として現われるのである」（『資本論草稿集』②、593ページ）。

　　(注) ここでマルクスの言う「第一の形態」とは、労働日の延長などによる絶対的
　　　　剰余価値の生産、「第二の形態」とは、生産力の上昇による相対的剰余価値
　　　　の生産のことを指している。

　「人口の増加が分業や協業などの増大を可能にすることによって、
労働の生産力を増大させることについては、まだ考慮に入れていない。
人口の増大は、それにたいして支払われることのない労働の自然力な
のである。このような観点からすれば、われわれは社会的力をも自然
力とよぶのである。社会的労働の自然力とはすべて、それ自体として

174

は歴史的産物である」（『資本論草稿集』①、「『要綱』資本に関する章」、523ページ）。

マルクスがペティを超えていたのは、ペティのように単純に人口の増大を富の源泉と見たのではなく、歴史的な生産力の発展とともに、より少ない人口でより多くの富を生産できるようになることを明確にしたことでした。マルクスは、ペティについて、『資本論草稿集』のなかで、「わが友ペティは、マルサスとはまったく別の『人口理論』を持っている」として、ペティの『租税貢納論』から、次の一節をノートしています。

「人民の少数であることは本当の貧乏である。そして、800万の人民がいる国は、同じ面積で少数しかいない国よりも二倍以上富んでいるのである」（『資本論草稿集』⑨、484、486ページ、傍点はマルクス）。

さらにマルクスは、「生産的労働と不正産的労働との区別」に関連して、「剰余価値学説史」のなかで、次のように述べています。

「一国は、その生産的人口が総生産物に比較して少なければ少ないほど富裕である。……その国は、生産物の量が同じならば、不生産的人口に比べて生産的人口が少なければ少ないほど、より富裕である。というのは、生産的人口が相対的に少ないということは、労働の生産性の総体的な程度を表わす別の表現にほかならないはずだからである」（『資本論草稿集』⑤、「剰余価値に関する諸学説」、354ページ）。

(3) 資本主義社会の固有の人口法則としての「相対的過剰人口の理論」──多国籍企業の資本蓄積の発展とグローバルな規模での産業予備軍の形成

マルクスは『資本論』のなかで、資本主義的蓄積過程において相対的過剰人口が累積する必然性とその意義を解明し、それを「資本主義的生産様式に固有な人口法則」として明確に措定しました。マルクス、エンゲルスの人口理論といえば、だれでもまず頭に思い浮かべるのは、『資本論』第Ⅰ巻第23章のなかの次の一節でしょう。

175

第Ⅲ部 人口問題の基礎理論

　「労働者人口は、それ自身によって生み出される資本の蓄積につれて、それ自身の相対的過剰化の手段をますます大規模に生み出す。これこそが、資本主義的生産様式に固有な人口法則であって、実際に歴史上の特殊な生産様式は、いずれもその特殊な、歴史的に妥当な人口法則をもっているのである。抽象的な人口法則というものは、人間が歴史的に介入しない限りにおいて、動植物にとってのみ実存する」（『資本論』④、1084ﾍﾟｰｼﾞ、原書、660ﾍﾟｰｼﾞ）。

　マルクスが『資本論』で定式化した「資本蓄積にともなう相対的過剰人口の累進的形成」の理論は、要約的に述べると、次のような理論です。

　資本蓄積の進行は、生産力の飛躍的発展をもたらし、資本構成の質的変化つまり資本の技術的構成の変化を反映する有機的構成の高度化をもたらす。それは、科学技術の応用による新技術の導入のための追加資本の投入や資本の集中によって飛躍的に加速され、それとともに、不変資本の可変資本にたいする比率は累進的に増大する。そのさいに、総資本の増大につれて、可変資本も絶対的にも増加するが、その増加率は、不変資本に比べるとはるかに小さくなる。

　このような資本蓄積の法則的な運動とともに、労働にたいする需要は、加速度的、累進的に、減少する。その結果として、資本蓄積とともに、資本の中位の価値増殖欲にとっての余分な労働人口、すなわち「相対的過剰人口または産業予備軍の累進的生産」が法則的に生産されるのである。

　労働人口は、自らがつくりだした剰余価値＝資本の蓄積によって、つねに相対的に過剰化されているのであって、労働者階級は自らの相対的過剰化の手段をたえず生産しているのである。この相対的過剰人口は、資本の増殖欲求による資本蓄積の前提となり、資本制生産の条件となる。そしてそれが現実の人口増加には制約されないで、いつでも雇用可能な労働力、つまり産業予備軍となる。産業予備軍は、資本蓄積にともなう

176

> 産業循環によって吸収と排出を繰り返しながら、資本の中位の価値増殖
> にたいして相対的な過剰人口として資本主義の実存条件となる。

　いうまでもなく、この「相対的過剰人口の理論」は、マルクス、エン
ゲルスの人口理論の核心部分に位置しています。資本主義である限り、
労働市場の場面では、資本蓄積とともに「相対的過剰人口」が形成され
ます。しかし、社会全体の総人口についていえば、資本主義のもとでも、
さまざまな人口現象が起こります。また、労働市場についても、ある産
業部面では、特別な事情で「人手不足」が起こったり、またある地域で
は、急激な人口減少が起こったりします。

　しかし、資本主義のもとでのさまざまな人口現象は、戦争とか大災害
などの特殊な場合を除き、資本蓄積と生産力の発展のもとでの「相対的
過剰人口」の形成という固有の人口法則とのかかわりを持ちながら発現
します。資本主義のもとでのさまざまな人口現象は、資本蓄積によって
たえず生産される「相対的過剰人口」の作用によって規定されて、資本
主義的な「人口問題」の矛盾を複雑にし、より困難なものにするだけで
す。

　20世紀の後半から多国籍企業の展開が進むとともに、相対的過剰人
口＝産業予備軍の現われ方には新たな特徴的な変化が見られるように
なっています。

　多国籍企業の資本蓄積様式の特徴は、最適地生産・最適地調達・最適
地販売のために国境をまたいでグローバルに配置した生産・流通拠点を
前提に、最大利潤を求めて身勝手なリストラや資本撤収をおこない、獲
得した利潤の蓄積もタックスヘブンを含めグローバルに分散・集中する
やり方にあります。こうしたグローバルな生産・流通拠点の分散は、同
時にまた、それぞれの国ごとに産業予備軍が形成されることを意味しま
す。多国籍企業にとっては、かつてのように一国の内部での労働市場と
産業予備軍を前提とするのでなく、進出した各国で産業予備軍を形成し

第Ⅲ部　人口問題の基礎理論

ながら資本蓄積を進めるようになっているのです。

　多国籍企業によるグローバルな規模での、過酷な資本蓄積の展開は、当然のことながら、労働者・国民の労働と生活に深刻な影響（貧困と格差）をもたらし、資本主義の矛盾を激しくしています。それは、米欧日の先進諸国においては、絶対的な人口減少（あるいは人口増大率の低下）が進むなかでの失業・雇用の危機の形態で現われています。その背景には、相対的過剰人口＝産業予備軍が、グローバルな規模で、多数の国々で形成されてきていることがあります。

(4)　資本主義の搾取強化の将来と人口衰亡
── マルクスの指摘の先見性

　資本主義社会において国民経済が安定した発展をするためには、個々の企業が、一方では新たな生産手段（従来の産業分野の設備拡張・更新であれ、新たな生産技術の新産業への展開であれ）へ投資することが必要であり、他方では、新たな労働力への投資（労働力の再生産）が必要です。個々の企業が目先の利潤追求に走り、「国際競争力」をかかげて賃金や雇用などの労働条件を切り下げ続けるならば、短期的には企業利潤を増大させる効果があったとしても、長期的にみれば、労働力の再生産の条件そのものを掘り崩して、ひいては「人口減少」という事態にもつながっていきます。

　マルクスは、『資本論』のなかで、資本の搾取欲が際限なく放任されていく場合には、「人類の退化」や「人口の減少」という事態も生まれうると述べています。『資本論』第Ⅰ巻第8章「労働日」のなかでの、次のような指摘です。

　　「自分を取り巻いている労働者世代の苦悩を否認する実に『十分な理由』をもつ資本は、その実際の運動において、人類の将来の退化や結局は食い止めことのできない人口の減少という予想によっては、少しも左右されないのであって、それは地球が太陽に墜落するかもしれ

第12章　マルクス、エンゲルスと人口問題

ないということによって少しも左右されないのと同じことである」。
「それゆえ、資本は、社会によって強制されるのでなければ、労働者
の健康と寿命にたいし、なんらの顧慮も払わない。肉体的、精神的萎
縮、早死、過度労働の拷問にかんする苦情に答えて資本は言う——わ
れらが楽しみ（利潤）を増すがゆえに、われら、かの艱苦に悩むべき
なのか？と」（『資本論』②、463〜464ページ、原書、285〜286ページ）。

　やや回りくどい言い方ですが、要するにマルクスがここで述べている
ことは、資本の搾取欲を野放しにしたなら、労働者の健康や生命はぼろ
ぼろになり、しまいには「人口の減少」が起こるだろうということです。

　ここでマルクスが「人口の減少」で想定しているのは、「労働者の健
康と寿命」が破壊されて、早死が起こることなどですから、今日のよう
な「出生率の低下」による「人口の減少」ではありません。しかし、ど
のような経路によるものであれ、「人口の減少」の根源を「資本の搾取欲」
が野放しにされることだという指摘は、きわめて示唆的です。日本でい
ま起こっている「人口減少」と「少子化」傾向を考えるとき、『資本論』
でのマルクスの指摘は、まさに傾聴すべき警告だったと言えるでしょう。

　産業資本主義の時代には、人口増大が基本的傾向でしたが、この時期
でも、「人口減少」問題がなかったわけではありません。マルクスは、「人
口減少」という現象も、産業資本の資本蓄積のもとで起こることを、①
農業プロレタリアートの「人口減少」、②アイルランドの「人口減少」、
という二つの事例をもとに、『資本論』第Ⅰ巻第23章「資本主義的蓄積
の一般的法則」の第5節の「例解」のなかで詳細に分析しています。

（5）「移民」による人口変動 —— 人口統計の分析

　マルクスは、「人口問題」を経済学上の理論問題としてとらえるだけ
ではなく、現実の人口の実態を示す「人口統計」をたんねんに分析して、
さまざまな問題を解明しています。その分析の結果は、『資本論』など

179

第Ⅲ部　人口問題の基礎理論

に利用されていますが、とりわけ見逃すことができないのは、1851 年 8 月から 62 年 2 月にかけて十数年にわたって『ニュヨーク・デイリー・トリビューン』紙に寄稿した時事論文のなかに、「人口統計」についての興味深い分析が多数含まれていることです。たとえば、次の 4 つの論文は、「人口問題」の研究にとって欠かせない内容となっています。

---

① 「強制移民――コンシュートとマッツィーニ――亡命者問題――イギリスの買収選挙――コブデン氏」（1853 年 3 月 4 日付）

—— ME 全集⑧、526ペ。

② 「戦争問題――イギリスの人口および貿易統計―議会情報」

（1853 年 8 月 24 日付）　―― ME 全集⑨、242ペ。

③ 「労働問題」（1853 年 11 月 28 日付）　　　―― ME 全集⑨、459ペ。

④ 「人口、犯罪、極貧」（1859 年 8 月 23 日付）―― ME 全集⑬、491ペ。

　これらの論文のなかで、マルクスは当時の「人口統計」を引用しながら「最近発表された人口調査報告は、大ブリテンの人口が緩慢ではあるがたえず減少していることを示している」として、その原因が海外移民にあることを解明しています。そこでマルクスがあげている人口移動の関係を示す数値を表に表わすと別表（図 12-1）のようになります。この表でわかるように、「出生にたいする海外移民の超過」＝ 3 万 6,159 人が人口減少となって現われているのです（以上は、上記の論文②より）。

　マルクスは、論文①「強制移民……」では、移民による人口変動の意味について、古代社会における移民と、当時のイギリス資本主義における移民との根本的な性格の違いについて、詳しく論じています。

　「ギリシアやローマのような古代国家では、植民地を周期的に建設するというかたちでの強制移民が、社会機構の正規の構成部分になっていた。これらの国家の体制全体は、人口数を一定限度にかぎることのうえにきずかれていた。この限度をこえたりすれば、古代文明自体

180

の条件が危うくなったのである。だが、なぜそうだったのか？　これらの国家では、物質的生産に科学を応用することは全然わからなかったからである。文化を維持するためには、どうしても人口が少ないままでな

図 12-1　大ブリテンの人口減少——1853 年 6 月に終わる四半期

出生数	158,718
死亡数	107,861
出生の純増加	50,857
海外移民数	115,959
（出生の死亡にたいする推定超過数）	(79,800)
出生増加にたいする海外移民数の超過数	**36,159**

（出所）マルクス「戦争問題—イギリスの人口および貿易統計—議会情報」（ＭＥ全集⑨、244ﾍﾟより）。

ければならなかった。さもないと、苦しい肉体労働をやるほかはなく、そうなれば自由な市民も奴隷に変わってしまうだろう。生産力が足りなかったために、市民階級の数を一定の割合に保つほかなく、その割合をやぶるわけにはいかなかった。強制移民が、ただ一つの救済策であった。

　未開人をかりたててアジアの高原地域から古代社会に侵入させたものも、これと同様に生産力にたいする人口の圧力であった。ただこの場合には、同じ原因が違ったかたちで作用した。未開人の状態をつづけるためには、彼らは遊牧と狩猟と戦争をこととする種族だった。その生産方法は、現在の北アメリカのインディアン種族の場合と同じように、ひとりひとりが広い面積の土地をもつことを必要とした。彼らの数がふえると、彼らはたがいに他人の生産領域をけずりとった。それゆえ過剰な人口は、古代および近代のヨーロッパ諸民族をつくりあげたあの冒険的な大移住運動を企てざるをえなかった。

　けれども現代の強制移住の場合は、事情は全然反対である。この場合には、生産力が不足だから過剰人口が生まれるのではない。生産力が増大したために、人口を減らすことが必要になり、過剰分を飢えや移民によって一掃するのである。人口が生産力を圧迫するのではなくて、生産力が人口を圧迫するのである」（ＭＥ全集⑨、528 ～ 529ﾍﾟ）。この論文からもうかがえるように、マルクスは、当時の人口変動の原

第Ⅲ部　人口問題の基礎理論

因について、現実の歴史的な条件を実態に即して分析することを強調しています。これは、人口問題について考えるときに銘記しておくべきことです。

(6) 21世紀の「人口減少社会」と「相対的過剰人口の理論」

　先に (3) 項で指摘した『資本論』における「相対的過剰人口の理論」は、いうまでもなく資本主義的生産様式のもとでの人口法則ですが、これを資本主義社会から未来社会へ向けての移行期の立場からとらえ直してみるなら、資本のあくなき搾取欲のための産業予備軍としてだけではない新たな役割をもってくる可能性が考えられます。

　「相対的過剰人口」の形成は、資本蓄積による生産力の上昇の結果であり、労働生産性の上昇の結果を示すものです。それは、資本主義的生産様式のもとでは、資本の中位の価値増殖にたいする相対的な過剰人口（産業予備軍）として剰余価値生産と資本蓄積の実存条件となります。同時にそれは、資本主義のもとでは、労働者にとって、失業と貧困をもたらす条件となります。

　しかし、「相対的過剰人口」の前提である生産力の上昇、労働生産性の上昇は、資本主義的生産様式を超えた未来社会、あるいはそこへいたる移行期の経済体制のもとでは、失業と貧困ではなく、国民全体の豊かな生活と福祉の条件をもたらすものとなります。その場合には、「相対的過剰人口」はその質的な意味を変えて、まったく別な性格の「余剰人口」に発展していくことになるでしょう。

　また、資本主義的生産様式のもとであっても、なんらかの理由で総人口が減少する社会においては、労働生産性の上昇の結果としての「相対的過剰人口」は、国民本位の経済発展と労働者・国民の生活と福祉の向上のために活用することが可能になるでしょう。もちろんその場合には、民主的な国家による合理的で計画的な労働力の配分計画が前提となるこ

182

とはいうまでもありません。それは、すべての労働者の労働条件の総合的な向上を保障するものでなければなりません。

(7) 人類史における「家族」の生成・発展
—— 富の生産と私的所有の歴史

マルクスは、『資本論』のなかで、家族の生成・発展と社会的生産過程の関係について、さまざまなところで言及しています。たとえば、第Ⅰ巻第一篇第1章「商品」のなかでは、原始時代の共同体のもとで家族が果たした生産的な機能について、次のように論じています。

「共同的な、すなわち直接的に社会化された労働を考察するためには、われわれは、すべての文化民族の歴史の入口で出会う労働の自然発生的形態にまでさかのぼる必要はない。自家用のために、穀物、家畜、糸、リンネル、衣類などを生産する農民家族の素朴な家父長的な勤労が、もっと手近な一例をなす。これらのさまざまな物は、家族にたいして、その家族労働のさまざまな生産物として相対するが、それら自身が互いに商品として相対することはない。これらの生産物を生み出すさまざまな労働、農耕労働、牧畜労働、紡績労働、織布労働、裁縫労働などは、その自然的形態のままで、社会的機能をなしている。なぜなら、それらは、商品生産と同じように、それ独自の自然発生的分業をもつ、家族の諸機能だからである。男女の別、年齢の相違、および季節の推移につれて変わる労働の自然的諸条件が、家族のあいだでの労働の配分と個々の家族成員の労働時間とを規制する。しかし、ここでは、継続時間によってはかられる個人的労働力の支出が、はじめから、労働そのものの社会的規定として現われる。なぜなら、個人的労働力は、はじめから、家族の共同的労働力の器官としてのみ作用するからである」（『資本論』①、132㌻、原書、92㌻）。

マルクスは、さらに第Ⅰ巻第四篇第12章「分業とマニュファクチュア」のなかでは、社会的分業の発展と家族の役割について、次のように論じ

第Ⅲ部　人口問題の基礎理論

ています。

　「社会内部の分業、およびこれに照応する特殊な職業領域への個人
の拘束は、マニュファクチュア内部の分業と同じく、相対立する出発
点から発展する。一家族（注）の内部で、さらに発展すると一部族の
内部で、自然発生的な分業が、性や年齢の相違にもとづいて、すなわ
ち純粋に生理学的な基礎の上で発生するが、この分業は、共同体の拡
大、人口の増加、およびとくに異なる部族間の衝突や一部族による他
部族の征服とともに、その材料を拡大する。他方、前述したように、
異なる諸家族・諸部族・諸共同体が接触する諸地点で、生産物交換が
発生する。というのは、文化の初期には、私的個人ではなく、家族、
部族などが自立的に相対するからである」（『資本論』③、611 ～ 612ペー
ジ、原書、372ページ）。

　　（注）　ここにエンゲルスは第3版への注記を入れて、次のように記している。
　　　　「人類の原始状態にかんするその後のきわめて徹底的な研究によって著者の
　　　　たっした結論によれば、本源的には、家族が部族に発達したのではなく、その
　　　　逆に、部族が、血縁関係にもとづく人類社会形成の本源的な自然発生的形
　　　　態であった。したがって、部族的きずなの解体がはじまってから、あとになっ
　　　　てはじめて、いろいろと異なる家族諸形態が発展したのである」（③、612 ～
　　　　613ページ）。

　エンゲルスは、『家族、私有財産および国家の起源』のなかで、人類
史における「家族」の生成・発展の歴史、家族形成の核となる婚姻の本
質、その制度的な発展の史的過程を、富の生産と財産所有の発生・変遷
の関係史として展開しています。その意味で、同書は、家族の問題を科
学的社会主義の立場、唯物史観の立場から、初めて理論的に解明した研
究です。

　「原始史の研究がわれわれに示すのは、男たちが多妻制を、同時に
その妻たちは多夫制の生活をいとなみ、したがってその共通の子ども
たちもまた彼らすべてに共通のものと見なされる状態である。この状
態そのものはまた、それが終局的に分解して個別婚となるまでに、一

系列の変化を経る。その変化というのは、共同の婚姻紐帯にふくまれる範囲が、もとは非常に広かったのが、だんだんに狭くなり、ついには、今日おもにおこなわれている一対の夫婦を残すだけになる、というものである」（ME全集、㉑、37ページ）。

(8) 資本主義のもとでの研究課題としての「家族」

　人口問題は、家族問題、婚姻問題と深く関連しています。ここでいう「家族」とは、いうまでもなく「直接の生命の生産と再生産」の基礎、人口の実体的内容を構成する人間個体の生成・成長・消滅の場のことです。資本主義的生産様式のもとでは、家族は、資本制的生産の基礎的条件である賃労働者（商品としての労働力）を再生産する場として、資本の再生産・蓄積過程の不可欠な環をなしています。

　マルクスとエンゲルスは、家族の問題について、『資本論』の各所で、たびたび言及しています。概略的に数えてみても、それは三十か所以上にのぼります。ここでは、そのなかの、いくつかを引用しておきましょう。

　　「家族の特定の諸機能、たとえば子供の世話や授乳などは、まったくやめにすることはできないので、資本によって徴用された家庭の母は多かれ少なかれ代わりの人を雇わなければならない。裁縫やつぎあてなどのような家庭の消費に必要な諸労働は、既製商品の購入によって補われなければならない。したがって家事労働の支出の減少には、貨幣支出の増大が対応することになる。それゆえ労働者家族の生産費が増大して、収入の増大を帳消しにする。そのうえ、生活手段の利用や準備における節約と合理性が不可能になる。公認の経済学によっては隠蔽されているこれらの事実については、工場監督官や『児童労働調査委員会』の『報告書』、とくに『公衆衛生にかんする報告書』のなかに豊富な資料が見いだされる」（『資本論』③、684ページ、原書、417ページ）。

第Ⅲ部　人口問題の基礎理論

「資本主義制度の内部における古い家族制度の解体が、どれほど恐ろしくかつ厭わしいものに見えようとも、大工業は、家事の領域のかなたにある社会的に組織された生産過程において、婦人、年少者、および児童に決定的な役割を割り当てることによって家族と男女の両性関係とのより高度な形態のための新しい経済的基礎をつくり出す。家族のキリスト教的ゲルマン的形態を絶対的なものと考えることは、ともかく相互に一歴史的発展系列をなしている古ローマ的形態、あるいは古ギリシャ的形態、あるいはオリエント的形態を絶対的なものと考えることと同様に、もちろん馬鹿げている。同様に明らかなことであるが、きわめてさまざまな年齢層にある男女両性の諸個人が結合された労働人員を構成していることは、労働者が生産過程のためにあって、生産過程が労働者のためにあるのではないという自然成長的で野蛮な資本主義的形態においては、退廃と奴隷状態との害毒の源泉であるとはいえ、適当な諸関係のもとでは、逆に、人間的発展の源泉に急変するに違いない」（同③、842〜843㌻、原書、514㌻）。

しかし、『資本論』のなかには、「直接の生命の生産と再生産」の場としての「家族」それ自体の意味について、経済学的な範疇として論じた独自な章や節はありません。マルクスが1857年に執筆した手稿「経済学批判序説」では、「3　経済学の方法」のなかで、次のような文脈のなかで「家族」範疇の位置が想定されています。

「……抽象的なものから具体的なものへ上向する方法は、具体的なものを自己のものとし、それを一つの精神的に具体的なものとして再生産するための、ただ思考にとっての方式であるにすぎない。しかしそれは、具体的なものそれ自体の成立過程ではけっしてないのである。たとえば、もっとも単純な経済学的範疇、たとえば交換価値は、人口を、一定の諸関係のなかで生産をしている人口を想定するし、またある種類の家族制度か、共同体制度か、国家制度などを想定する」（『資本論草稿集』①、50㌻）。

さらに、「経済学批判序説」では、第「4」項の内容として、次のように述べています。

「4　生産。生産諸手段と生産諸関係。生産諸関係と交易諸関係。生産諸関係と交易諸関係とにたいする関係での国家諸形態と意識諸形態。法律諸関係。**家族諸関係**」（同①、62ページ。傍点は引用者）。

この「4」においては、マルクスは、経済的土台と上部構造の関係の問題、唯物史観の立場から、さまざまな社会的諸範疇の位置づけを述べようとしたものと思われます。

しかし、マルクスは、最後の項目の「家族諸関係」まで書かない地点で、筆を置いています。この「家族諸関係」の項でマルクスが何を書こうとしたのか？　はっきりしていることは、マルクスは生産諸関係や国家形態、意識諸形態などのあとに、最後の項目として「家族諸関係」をあげていることです。

人口現象を構成する最小単位は、個々の人（ヒト）ですが、孤立した個々の人（ヒト）は、人口変動を起こすことはできません。人口変動の最大の要素である「出生」は、必ず男女2人の生殖行為がなければ成り立たず、男女が結婚して家族を形成することが前提になります。人口の研究にとっては、家族の形成、発展、消滅（結婚、出生、離婚）が中心的な課題になるのです。

マルクス経済学においては、「階級」、「民族」、「国民」などについての研究は前提となっていますが、「家族」という範疇は、経済学的には必ずしも積極的にはとりあげられてきていません。

これまでは、たとえば「家族賃金」の問題、「家計消費」の問題、税制や社会保障制度における「扶養家族」の問題、「遺産相続」の問題などなどにおいて、「家族」単位の扱いがなされてきました。しかし、マルクス経済学の立場からの「人口問題」の研究を深めるためには、「家族」についてのより体系的で理論的かつ歴史的な研究が不可欠な課題となっています。

第Ⅲ部　人口問題の基礎理論

> **コラム**

「家族」をめぐる新しい研究──エマニュエル・トッドの「家族」論

　現代フランスの歴史人口学者、家族人類学者、エマニュエル・トッド（Emmanuel Todd　1951 〜）は、家族人類学という学術的な分野で注目される業績を上げるとともに、若い時から現代世界の諸問題について積極的な評論活動をおこない、世界的なベストセラー作品を次々と世に送り出しています。

　E・トッドは、家族人類学の分野では、ヨーロッパおよび全世界の主要な家族システムの型を、①絶対核家族、②平等主義核家族、③直系家族（権威主義家族）、④外婚制共同体家族、⑤内婚制共同体家族、などなどの八つ型に分類し、それぞれを地理的に確定した詳細な分布地図を描いてみせました。

　トッドは、世界のそれぞれの地域の住民の気質や心理、ひいては近現代におけるイデオロギーも、八つの家族システムの型によって基本的に説明されうるとして、それを「人類学的基底」と呼んでいます。また、トッドは、家族システムを人類史の基底的要因ととらえるとともに、歴史の発展的な変化は、人口統計学的な「出生率」と「識字率」（教育）の変動によってとらえられると主張しています。

　このように、トッドは、世界各地域における家族システムと社会の上部構造、政治・イデオロギーの関係を示す独自の歴史観と世界史像を提示することによって、経済的要因を重視する唯物史観の考え方を批判します。トッドは、歴史を形成する人間を経済的な要因で規定する「階級」によってつかむのではなく、人間を出生と教育によって規定する「家族」によってつかもうとします。世界史を「階級闘争の歴史」としてつかむ

のではなく、「家族システムと家族変動の歴史」としてつかもうとします。

　しかし、トッドは、マルクスの「階級分析による歴史解釈」の方法そのものを否定しているわけではありません。トッドは、あるインタビューのなかでは、マルクスの歴史論について、次のように述べています。

　「歴史の中における階級分析で、その要素は、有益で本質的なものと、私はこれまでつねに考えて来ました。階級の対立、階級と国家の関係、こういった種類のものは、『フランスにおける階級闘争』と『ルイ・ナポレオン・ボナパルトのブリュメール18日』というマルクスの古典的な歴史研究著作の中に見出されます。……（中略）……『デモクラシー以後』(注) を書く前に私が最初にしたことは、『フランスにおける階級闘争』を読み直すことでした。……（中略）……もちろん今日、マルクスス主義の『階級現象の分析』という構成要素の方は、私は保持し続けています。……（中略）……こうしたことすべてを考えるには、マルクス主義を参照しなければなりません。ですからマルクス主義はその前途に素晴らしい将来を持っていると、私は考えます」（2012年5月4日のインタビュー、『トッド自身を語る』2015年11月、藤原書店）。

　　（注）トッドの著作名。

　E・トッドの「家族人類史観」ともいうべき歴史観───家族の類型的特徴と出生率など人口統計学的な要因を基礎に世界史を解釈する歴史観───の批判的な検討が求められます。

あとがき

　人口減少や少子・高齢化の問題は、21世紀の日本にとって、もはや避けて通れない問題になっています。しかし、日本では、国民の立場から「人口減少とは、そもそもどのような問題なのか」ということについて、やさしく解説した入門的な本は、あまりないといってもよいでしょう。

　ここにはいくつかの背景があると思われます。

　一つには、国民にとって人口問題は、まだまだ身近で切実な課題としてはとらえられていないことです。人口問題は、消費税、賃金、年金、医療・介護、原発、TPP（環太平洋経済協定）などのような問題と比べると、どうしても当面の暮らしや切実な経済政策の問題とは考えられていないようです。また憲法9条や米軍基地、日米安保条約など、政治・外交・軍事にかかわる問題などと比べても、人口問題が学習会の独自のテーマとしてとりあげられることは、ほとんどありません。

　二つには、多くの国民にとって、人口が減少するのは、むしろ望ましいこと、良いことだと考えられていることです。日本はこれまで国土が狭い割に人口が増えすぎてきた、だから政府や財界のように人口減少の問題でいま大騒ぎする必要はないと多くの国民が考えているようです。もちろん、保育所が足りない問題や教育費が高い問題などについての国民の関心はきわめて切実なのですが、それが国全体の人口問題とどのように結びついているのか、こうした視点で考えられることは、ほとんどありません。

　三つには、人口政策というと、歴史的にさまざまな間違った人口政策の記憶があるために、なんとなく胡散臭い感じがすることです。人口政策は、国民一人ひとりの「生む権利」「生まない選択」にかかわることですから、国や社会が国民に強制することはできません。戦前、戦中の

軍国主義時代の「産めよ、増やせよ」を思い出させる政府や財界の「少子化」対策にたいしては、拒否反応をしめす国民が多いのも、それなりに理解できます。

四つには、国民的な立場に立った人口問題の研究がひじょうに立ち遅れていることです。とりわけマルクス経済学の立場からの人口問題の研究は立ち遅れています。人口問題研究の立ち遅れは、マルクス経済学全体の理論的な発展にとっても大きな弱点だと思われるのですが、そのことは働く者の立場からの人口問題についての入門書を書く執筆者がいない原因にもなっています。それがまた人口問題への国民の関心を薄れさせて、人口問題研究を遅らせる悪循環を作り出しています。

このように、いま「人口問題入門」というような本が少ないのには、いくつかの客観的な原因があると考えられます。

しかし、21世紀の日本の進路を考えるときには、国民的な立場から、人口問題（とりわけ人口減少問題）を考え、議論をすることがぜひとも必要な時代になっています。

本書をお読みいただいた方が、21世紀日本の人口減少の問題、少子・高齢化の問題、さらに人口問題一般について、少しでも関心を持つようになっていただければ、たいへん幸いだと思います。

最後に、本書の編集・出版にあたっては、学習の友社・出版部、労働者教育協会事務局の皆さんには、たいへんお世話になりました。心から感謝します。

2017 年 6 月 20 日

友寄英隆

[資料]　日本の人口—基本統計と論議の経過

(2017 年 6 月 20 日作成)

西暦	元号	総人口(外国人含む)	日本人人口(注)	出生数(千人)	死亡数(千人)	自然増減(千人)	出生率(注)	年少人口(万人)	高齢人口(万人)	生産年齢人口(万人)	労働力人口(万人)		人口問題の経過
1872	明治5	34.806											
1900	明治33	43.847											
1945	昭和20	72.147						2.648	370	4.182			敗戦後、産児制限の動き一気に広がる
46	21	75.750						2.528	388	4.395			
47	22	78.101		2.679	1.138	1.541	4.54	2.757	374	4.678			
48	23	80.002		2.682	951	1.731	4.40	2.830	384	4.786			
49	24	81.773		2.697	945	1.751	4.32	2.903	397	4.877		「優生保護法」成立	
1950	25	83.200		2.338	905	1.433	3.65	2.943	411	4.966			
51	26	84.541		2.138	839	1.299	3.26	2.966	418	5.073			
52	27	85.808		2.005	765	1.240	2.98	2.970	431	5.184			
53	28	86.981		1.868	773	1.095	2.69	2.975	443	5.285	3.989		
54	29	88.239		1.770	721	1.048	2.48	2.989	460	5.381	4.055	日本家族計画連盟発足	
55	30	89.276		1.731	694	1.037	2.37	2.980	475	5.473	4.194		
56	31	90.172		1.665	724	941	2.22	2.941	484	5.600	4.268		
57	32	90.928		1.567	752	814	2.04	2.891	494	5.724	4.363		
58	33	91.767		1.653	684	969	2.11	2.851	507	5.843	4.387		
59	34	92.641		1.626	690	936	2.04	2.811	521	5.966	4.433		
1960	35	93.419		1.606	707	899	2.00	2.807	535	6.000	4.511		
61	36	94.287		1.589	696	894	1.96	2.807	550	6.072	4.562		
62	37	95.181		1.619	710	908	1.98	2.727	564	6.226	4.614		
63	38	96.156		1.660	671	989	2.00	2.642	584	6.390	4.652		
64	39	97.182		1.717	673	1.044	2.05	2.559	602	6.558	4.710		
65	40	98.275		1.824	700	1.123	2.14	2.517	618	6.693	4.787		
66	41	99.036		1.361	670	691	1.58	2.452	642	6.811	4.891	丙午 (ひのえうま＝迷信により出産が減少)。前は1906年、次は2026年	
67	42	100.196	99.637	1.936	675	1.261	2.23	2.442	667	6.916	4.983		
68	43	101.331	100.794	1.872	687	1.185	2.13	2.442	690	7.009	5.061	総人口1億人突破。	
69	44	102.536	102.022	1.890	694	1.196	2.13	2.460	711	7.094	5.098		
1970	45	103.720	103.119	1.934	713	1.221	2.13	2.482	733	7.157	5.153	高齢化社会 (7.1%)	このころから「高齢化社会」論が盛んになる
71	46	105.145	104.345	2.001	685	1.316	2.16	2.517	752	7.232	5.186		
72	47	107.595	105.742	2.039	684	1.355	2.14	2.597	788	7.348	5.199		
73	48	109.104	108.079	2.092	709	1.383	2.14	2.645	816	7.410	5.326	(この年から沖縄県含む)	
74	49	110.573	109.410	2.030	711	1.319	2.05	2.685	846	7.474	5.310		
75	50	111.940	111.252	1.901	702	1.199	1.91	2.723	887	7.584	5.323		
76	51	113.094	112.420	1.833	703	1.129	1.85	2.749	920	7.640	5.378		
77	52	114.165	113.499	1.755	690	1.065	1.80	2.765	956	7.694	5.452		
78	53	115.190	114.511	1.709	696	1.013	1.79	2.771	992	7.754	5.532		
79	54	116.155	115.465	1.643	690	953	1.77	2.766	1.031	7.816	5.596		
1980	55	117.060	116.320	1.577	723	854	1.75	2.752	1.065	7.888	5.650		
81	56	117.902	117.204	1.529	720	809	1.74	2.760	1.101	7.927	5.707		
82	57	118.728	118.008	1.515	712	804	1.77	2.725	1.135	8.009	5.774		
83	58	119.536	118.786	1.509	740	769	1.80	2.691	1.167	8.090	5.889		
84	59	120.305	119.523	1.490	740	750	1.81	2.650	1.196	8.178	5.927		

西暦	元号	総人口（外国人含む）	日本人人口（注）	出生数（千人）	死亡数（千人）	自然増減（千人）	出生率（注）	年少人口（万人）	高齢人口（万人）	生産年齢人口（万人）	労働力人口（万人）		人口問題の経過
1985	60	121,049	120,266	1,432	752	679	1.76	2,604	1,247	8,254	5,963	総人口1億2000万人	
86	61	121,660	120,946	1,383	751	632	1.73	2,543	1,287	8,337	6,020		
87	62	122,239	121,535	1,347	751	595	1.69	2,475	1,332	8,419	6,084		
88	63	122,745	122,026	1,314	793	521	1.66	2,399	1,378	8,501	6,166		このころから「少子化」問題の論議が盛んになる
89	平成元	123,205	122,460	1,247	789	458	1.57	2,320	1,431	8,575	6,270	1.57ショック	
1990	2	123,611	122,721	1,222	820	401	1.54	2,254	1,493	8,614	6,384	バブルの崩壊	
91	3	124,101	123,102	1,223	830	393	1.53	2,190	1,558	8,656	6,505		
92	4	124,567	123,476	1,209	857	352	1.50	2,136	1,624	8,685	6,578		
93	5	124,938	123,788	1,188	879	310	1.46	2,084	1,690	8,702	6,615		
94	6	125,265	124,069	1,238	876	362	1.50	2,041	1,759	8,703	6,645		
95	7	125,570	124,299	1,187	922	265	1.42	2,003	1,828	8,726	6,666	高齢社会(14.5%)	
96	8	125,859	124,709	1,207	896	310	1.43	1,969	1,902	8,716	6,711	母体保護法	
97	9	126,157	124,963	1,192	913	278	1.39	1,937	1,976	8,704	6,787		
98	10	126,472	125,252	1,203	936	267	1.38	1,906	2,051	8,692	6,793		
99	11	126,667	125,432	1,178	982	196	1.34	1,874	2,119	8,676	6,779		
2000	12	126,926	125,613	1,191	962	229	1.36	1,851	2,204	8,638	6,766		
1	13	127,316	125,908	1,171	970	200	1.33	1,828	2,287	8,614	6,752		《人口問題論議の第1期ブーム》少子化社会対策基本法 少子化社会対策会議 少子化社会対策大綱「少子化社会白書」
2	14	127,486	126,008	1,154	982	171	1.32	1,810	2,363	8,571	6,689		
3	15	127,694	126,139	1,124	1,015	109	1.29	1,791	2,431	8,541	6,666		
4	16	127,787	126,176	1,111	1,029	82	1.29	1,773	2,488	8,508	6,642	小泉内閣	
5	17	127,768	126,205	1,063	1,084	▲21	1.26	1,759	2,576	8,442	6,651	初の自然減	
6	18	127,901	126,154	1,093	1,084	8	1.32	1,743	2,660	8,373	6,664	日本人人口減開始	
7	19	128,033	126,085	1,090	1,108	▲19	1.34	1,729	2,746	8,301	6,684	超高齢社会(21.5%)	
8	20	128,084	125,947	1,091	1,142	▲51	1.37	1,718	2,822	8,230	6,674	世界金融危機	
9	21	128,032	125,820	1,070	1,142	▲72	1.37	1,701	2,901	8,149	6,650	世界恐慌	
2010	22	128,057	126,382	1,071	1,197	▲126	1.39	1,680	2,925	8,103	6,632	「子ども・子育て白書」（名称変更）	
11	23	127,834	126,180	1,051	1,253	▲202	1.39	1,671	2,975	8,134	(6596)	民主党政権 3・11東日本大震災 総人口減開始	《人口問題論議の第Ⅱ期ブーム》「少子化社会対策白書」（2011）（名称変更）少子化危機突破緊急対策（2013.6）新たな「少子化社会対策大綱」（2015.3）
12	24	127,593	125,957	1,037	1,256	▲219	1.41	1,655	3,079	8,018	6,565		
13	25	127,414	125,704	1,030	1,268	▲239	1.43	1,639	3,190	7,901	6,593	アベノミクス	
14	26	127,237	125,431	1,004	1,273	▲269	1.42	1,623	3,300	7,785	6,609	安倍内閣 少子化非常事態宣言	
15	27	127,095	125,319	1,006	1,290	▲284	1.45	1,595	3,387	7,728	6,625		
※16	28	126,933	125,020	977	1,308	▲331	1.44	1,578	3,459	7,656	6,673		

（注）1968 年からは、日本人だけ（外国人含まない）。1972 年までは沖縄県を含まない。

「出生率」は合計特殊出生率。

（資料）総人口、日本人人口、出生数、死亡率、自然増減、出生率は、2015 年までは『我が国の人口動態』（2017 年 3 月）。2016 年は速報値「人口動態統計」（2017 年 6 月公表）。幼少人口、高齢人口、生産年齢人口は、2009 年までは、総務省『日本の長期統計系列』、2010 年以降は、厚生労働統計協会『人口統計資料集』などより集計。労働力人口は、総務省『労働力統計』（2011 年は、東日本大震災のため推計値）

【著者略歴】

友寄　英隆（ともより　ひでたか）

1942 年生まれ。一橋大学経済学部卒、大学院修士課程修了。
月刊誌『経済』編集長などを歴任。
現在、労働者教育協会理事。

【著書】

『生活感覚の日本経済論』（1984 年、新日本出版社）
『「新自由主義」とは何か』（2006 年、新日本出版社）
『変革の時代、その経済的基礎』（2010 年、光陽出版社）
『「国際競争力」とは何か』（2011 年、かもがわ出版）
『大震災後の日本経済、何をなすべきか』（2011 年、学習の友社）
『「アベノミクス」の陥穽』（2013 年、かもがわ出版）
『アベノミクスと日本資本主義』（2014 年、新日本出版社）
『アベノミクスの終焉、ピケティの反乱、マルクスの逆襲』
　　（2015 年、かもがわ出版）
『アベノミクス崩壊』（共著、2016 年、新日本出版社）
『戦後 70 年の日本資本主義』（共著、2016 年、新日本出版社）
『「一億総活躍社会」とはなにか—日本の少子化対策はなぜ失敗するのか』
　　（2016 年、かもがわ出版）
『『資本論』を読むための年表—世界と日本の資本主義発達史』
　　（2017 年、学習の友社）

「人口減少社会」とは何か
——人口問題を考える 12 章

2017 年 7 月 31 日　初　版　　　　　　　　　　　　定価はカバーに表示

著　者　　友寄　英隆

発行所　　学習の友社
〒113-0034　東京都文京区湯島 2 - 4 - 4
TEL 03(5842)5641　FAX 03(5842)5645
郵便振替　00100-6-179157
印刷所　　（株）教文堂

落丁・乱丁がありましたらお取り替えいたします。
本書の全部または一部を無断で複写複製（コピー）して配布することは、著作権法上の例外を除き、著作者
および出版社の権利侵害になります。発行所あてに事前に承諾をお求めください。
ISBN 978-4-7617-0705-7 C0036
© hidetaka TOMOYORI 2017